초등영어 문법부터 해결한다

저자

AST Jr. English Lab

Accumulation of Stocks of English Training의 약자로 영어 학습의 완성은 체화라 믿고 가장 낮은 단계에서 시작하여 가장 높은 단계의 영어 수준을 실현하는 영어 학습법을 개발하고자 노력하는 연구조직이다.

저서로 「중학교 가기 전에 끝내는 영단어」, 「영어 알파벳 처음쓰기」 등이 있다.

초등영어 문법부터 해결한다 Basic Level 1

저자 AST Jr. English Lab
초판 1쇄 인쇄 2022년 1월 3일 **초판 1쇄 발행** 2022년 1월 15일

발행인 박효상 **편집장** 김현 **기획 · 편집** 김설아, 하나래
표지, 내지 디자인 · 조판 the PAGE 박성미 **본문 진행** 윤미영
마케팅 이태호, 이전희 **관리** 김태옥 **종이** 월드페이퍼 **인쇄 · 제본** 예림인쇄 · 바인딩

출판등록 제10-1835호 **발행처** 사람in
주소 04034 서울시 마포구 양화로 11길 14-10 (서교동) 3F
전화 02) 338-3555(代) **팩스** 02) 338-3545 **E-mail** saramin@netsgo.com
Website www.saramin.com
책값은 뒤표지에 있습니다. 파본은 바꾸어 드립니다.

ISBN
978-89-6049-928-7 64740
978-89-6049-927-0 (set)

어린이제품안전특별법에 의한 제품표시

제조자명 사람in	**전화번호** 02-338-3555
제조국명 대한민국	**주 소** 서울시 마포구 양화로 11길 14-10 3층
사용연령 5세 이상 어린이 제품	

하다 보면
저절로 되는
시스템

초등영어 문법부터 해결한다

파닉스, 사이트워드를 마친 초등생의 첫 영문법

Grammar

Basic Level 1
초등 교과 연계

사람in
saramin.com

초등
3학년
추천

초등영어 문법부터 해결한다 시리즈

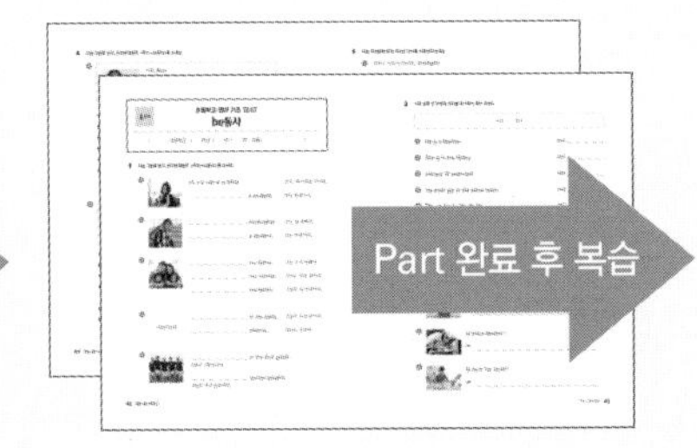

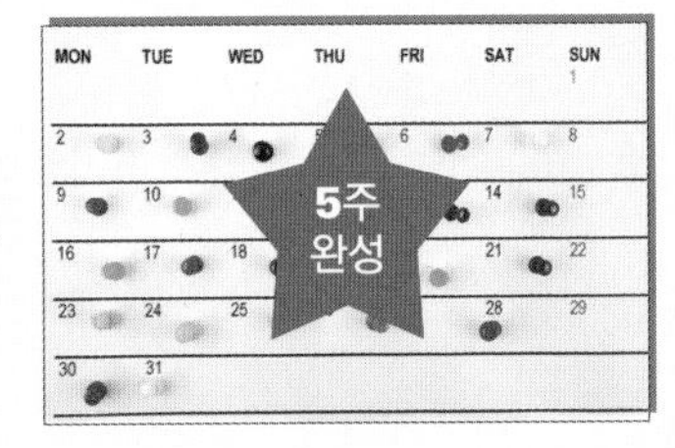

1 왜 초등 3학년이 영문법 공부의 최적의 시기인가?

초등 3학년은 인지 능력 향상으로 영어 학습의 방향이 중요한 시기

초등 교과과정은 모국어 습득 방식처럼 듣기 노출 및 책 읽기 등의 자연스러운 '습득' 쪽에 초점을 두어 충분히 노출시키는 것을 중요시합니다. 하지만 현실적으로 초등 영어는 의식적인 '학습' 또한 병행이 필요한 시기입니다. 노출 시간 대비 효과 면에서 볼 때 결과물이 더 빨리 나타나기 때문에 이 시기의 인지 능력에 부합하고 동기부여가 되는 학습법과 교재가 필요하게 됩니다. 초등 1, 2학년은 문자 읽기를 하는 시기라서 발음을 빠르게 문자로 연결시키는 파닉스와 리더스 교재가 필요할 때입니다. 이 시기에 노출되고 학습된 영어 기초를 바탕으로 효과적인 영어 성취감을 얻을 수 있게 되는 초등 3학년이 영문법, 곧, 문장의 규칙을 통해 체계적으로 읽기와 쓰기의 뼈대를 세울 수 있는 최적의 시기가 됩니다.

초등 3학년은 영문법으로 읽기, 쓰기의 기본기를 다지는 시기

초등 기초 영어

초등과정에서 학습해야 할 생활영어, 어휘와 문법 내용 등은 반드시 초등과정 기간 내에 마무리 지어 영어에 대한 근거 있는 자신감을 확보하는 것이 중요합니다.

초등 교과과정에서 문자 지도가 강화되면서 읽기, 쓰기 성취 기준이 상향되었기에 체계적인 읽기와 쓰기의 기본을 세울 수 있게 해주는 영문법 학습을 해야 합니다.

2 왜 초등영어 문법부터 해결한다가 효과적인가?

구성원리 초등 교과과정의 기초를 체계적인 규칙으로 재정립한 영문법 구성

	연관 문법 개념/소재			
명사	단복수(-s, -es)	셀 수 있는(없는) 명사		
대명사	지시대명사(this, that)	인칭대명사(it)	소유격(my, your)	
be동사	긍정문	부정문	의문문	be동사 + 명사 / 형용사
일반동사	긍정문(1, 2인칭 / 3인칭)	부정문	의문문	동사 have, want, like
조동사 can	긍정문	부정문	의문문	
형용사/부사	수, 묘사, 색, 감정	be동사 + 형용사	부사 very	
→			형용사(묘사), 소유격, be동사 문장 설명을 위해 쓰임	
인칭대명사		지시대명사, 인칭대명사 it		
기타		수 개념 / 묘사 개념		비인칭 주어, 날씨
명령문	긍정문/부정문			
비인칭주어	대명사 it과 비인칭 주어 it			

3일 훈련으로 쓰기가 저절로, 영어 공부 습관이 저절로

반복 연습의 3일 구성으로 쓰기와 영어 공부 습관의 두 마리 토끼 잡기

1일 단어, 문장의 규칙

단어의 특성, 단어가 문장을 이루는 규칙을 배우는 하루

규칙(문법) 설명 + 골라 보면 문법이 저절로

▶

2일 문장으로 확인하기

배운 규칙을 문장 속에서 익히며 쓰는 훈련

문장을 비교하며 고르기
고쳐 쓰기, 배열하기, 바꿔 쓰기로 문장의 규칙 익히기

▶

3일 단어에서 문장쓰기까지 누적복습

단어 → 구문 → 문장쓰기의 3단계 누적복습하기

STEP ① **단어 확인하기**
STEP ② **문장으로 규칙 확인**
STEP ③ **point별로 문장 쓰기**

왜 초등영어 문법부터 해결한다가 영어 공부 습관 기르기인가?

매일 3일 영어 훈련 코스 영문법 규칙과 문장쓰기로 다져지는 매일 문법 훈련 코스

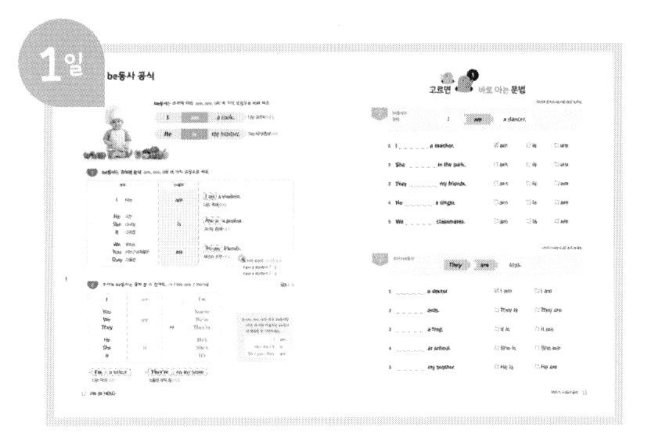

매일 3일 습관 만들기 코스

품사의 개념과 문장에서 이런 품사가
어떻게, 왜 변하는지 그 규칙들을 3일간
단어, 구문과 문장을 통해 쉽게 반복 훈련합니다.

기억 연상 실력 향상 코스
기초 TEST

테스트 문제를 풀면서 앞서 배운 문장 구조를 정확히 이해하고 있는지 확인해 보세요.

내 실력이 얼마나 향상되었는지 점검할 수 있어요.

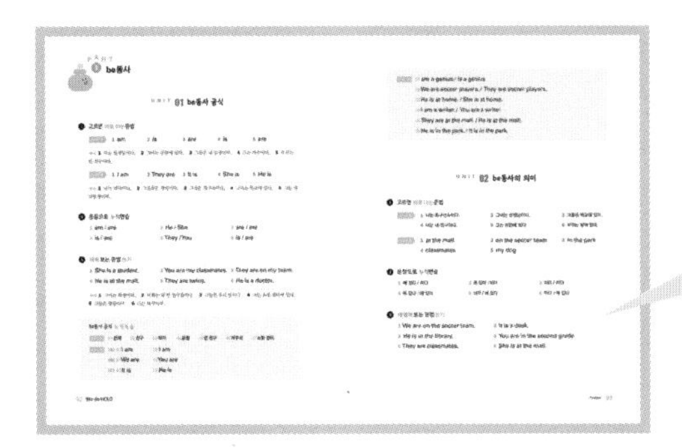

내가 정확하게 알고 썼는지 궁금하다면 정답과 해석 확인하는 것을 잊지 마세요.

단어와 문장 규칙

⊕ 규칙 적용 문장쓰기

⊕ 3 단계 누적복습 시스템!

규칙 설명

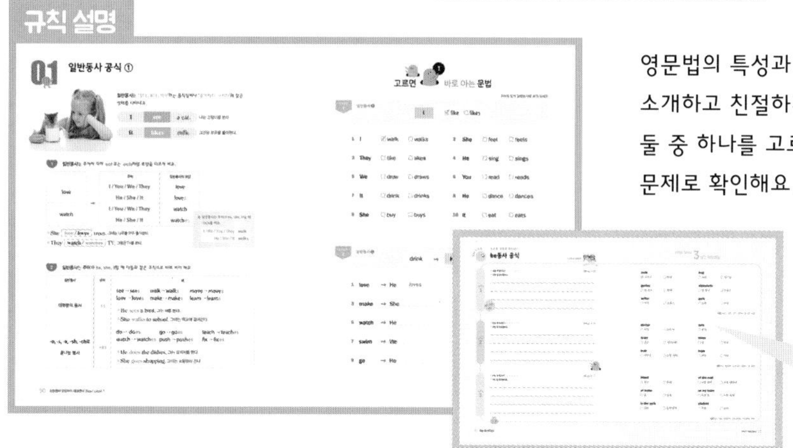

영문법의 특성과 규칙을 알기 쉽게 이미지로 먼저 소개하고 친절하게 설명합니다. 영문법의 기초를 둘 중 하나를 고르거나 빈칸에 알맞은 말을 고르는 문제로 확인해요.

각 unit을 시작하기 전에 단어의 의미를 먼저 살펴볼 수 있어요. 매일 공부한 내용을 쓸 수 있는 공간도 있어요.

문장쓰기

2 문장으로 누적연습

I (am / are) a student.

It / You are a student.

1 I am / are a doctor. — You am / are a doctor.

2 He / We is at school. — I / She is at school.

3 We is / are classmates. — They is / are classmates.

4 She is / are in the park. — We is / are in the park.

5 It / They are on my team. — You / She are on my team.

6 It is / are a frog. — They is / are frogs.

3 바꿔 보는 문법쓰기

I am in the park.
→ He is in the park.

1 I am a student. → She

2 You are my classmates. → They

3 She is on my team. → They

4 They are at the mall. → He

5 We are twins. → They

6 You are a doctor. → He

두 문장의 의미나 형태를 비교하여 규칙의 쓰임을 명확하게 알 수 있어요.
여기에 단어를 배열하거나 주어진 단어를 이용하여 문장 전체를 써보는 writing 훈련을 할 수 있어요.

누적복습

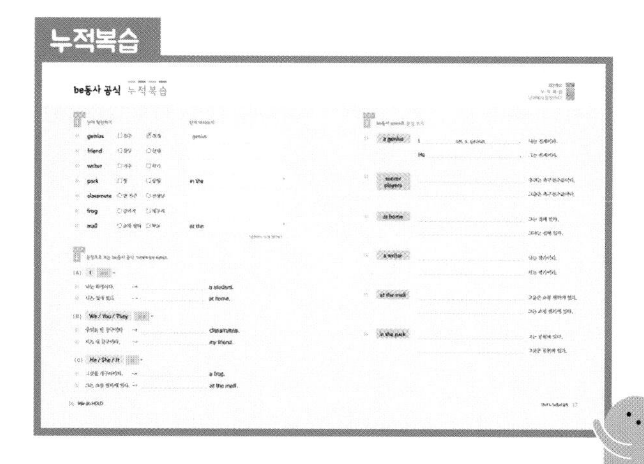

3단계 누적 복습을 통해 배운 문법 규칙으로 저절로 문장이 써지고, 스스로 쓰고 싶어지게 돼요.

PART 1
be동사

DAY 1~3 01 be동사 공식 14

DAY 4~6 02 be동사의 의미 22

DAY 7~9 03 be동사의 부정문 30

DAY 10~12 04 be동사의 의문문 38

초등학교 영어 기초 TEST be동사 46

PART 2
일반동사

DAY 13~15 01 일반동사 공식 ① 52

DAY 16~18 02 일반동사 공식 ② 60

DAY 19~21 03 일반동사의 부정문 68

DAY 22~24 04 일반동사의 의문문 76

DAY 25~27 05 be동사와 일반동사의 구별 84

초등학교 영어 기초 TEST 일반동사 92

정답 96

초등 3학년 추천 Basic Level 1, 2, 3 권을 모두 공부하면

초등 영문법의 기본기를 탄탄하게 다질 수 있어요!

Basic Level 2 목차

PART ❶ 명사

UNIT 1 명사 공식

UNIT 2 명사의 수 ①

UNIT 3 명사의 수 ②

UNIT 4 셀 수 없는 명사

PART ❷ 주요 동사

UNIT 1 인칭대명사 공식

UNIT 2 주요 동사 ①

UNIT 3 주요 동사 ②

UNIT 4 주요 동사 ③

Basic Level 3 목차

PART ❶ 인칭대명사

UNIT 1 인칭대명사 공식 ①

UNIT 2 인칭대명사 공식 ②

UNIT 3 대명사 it, they

UNIT 4 this / that, it

PART ❷ 형용사 / 부사 / 명령문

UNIT 1 형용사

UNIT 2 수량 형용사

UNIT 3 부사

UNIT 4 명령문

5주만에 완성하기

	단원		쪽수	학습일
1주차	**Part 1** be동사	UNIT 1 be동사 공식 UNIT 2 be동사의 의미	p.14~29	시작일 월 일 끝낸일 월 일
2주차		UNIT 3 be동사의 부정문 UNIT 4 be동사의 의문문 **초등학교 영어 기초 TEST**	p.30~49	시작일 월 일 끝낸일 월 일
3주차	**Part 2** 일반동사	UNIT 1 일반동사 ① UNIT 2 일반동사 ②	p.52~67	시작일 월 일 끝낸일 월 일
4주차		UNIT 3 일반동사의 부정문 UNIT 4 일반동사의 의문문	p.68~83	시작일 월 일 끝낸일 월 일
5주차		UNIT 5 be동사와 일반동사의 구별 **초등학교 영어 기초 TEST**	p.84~95	시작일 월 일 끝낸일 월 일

스터디 플랜

Study Plan

천천히 하고 싶은 친구들용

Day	학습 내용		체크
	PART 1		
01	UNIT 1	설명 + 고르면 바로 아는 문법	
02		문장으로 누적 연습, 문법 쓰기	
03		누적 복습	
04	UNIT 2	설명 + 고르면 바로 아는 문법	
05		문장으로 누적 연습, 문법 쓰기	
06		누적 복습	
07	UNIT 3	설명 + 고르면 바로 아는 문법	
08		문장으로 누적 연습, 문법 쓰기	
09		누적 복습	
10	UNIT 4	설명 + 고르면 바로 아는 문법	
11		문장으로 누적 연습, 문법 쓰기	
12		누적 복습	
13	PART 1 기초 Test		
	PART 2		
14	UNIT 1	설명 + 고르면 바로 아는 문법	
15		문장으로 누적 연습, 문법 쓰기	
16		누적 복습	
17	UNIT 2	설명 + 고르면 바로 아는 문법	
18		문장으로 누적 연습, 문법 쓰기	
19		누적 복습	
20	UNIT 3	설명 + 고르면 바로 아는 문법	
21		문장으로 누적 연습, 문법 쓰기	
22		누적 복습	
23	UNIT 4	설명 + 고르면 바로 아는 문법	
24		문장으로 누적 연습, 문법 쓰기	
25		누적 복습	
26	UNIT 5	설명 + 고르면 바로 아는 문법	
27		문장으로 누적 연습, 문법 쓰기	
28		누적 복습	
29	PART 2 기초 Test		

문법 공부가 처음인 친구들이라면 하루에 두 페이지씩 천천히 29일 동안 하는 플랜으로, 문법 공부를 해 보니까 너무 재미있어서 더 많이 하고 싶은 친구들이라면 11일 동안 하는 플랜으로 공부해 보세요.
중요한 건 꾸준히 하는 거예요.

더 많이 하고 싶은 친구들용

Day	학습 내용		체크
	PART 1		
01	UNIT 1	설명 + 고르면 바로 아는 문법	
		문장으로 누적 연습, 문법 쓰기	
		누적 복습	
02	UNIT 2	설명 + 고르면 바로 아는 문법	
		문장으로 누적 연습, 문법 쓰기	
		누적 복습	
03	UNIT 3	설명 + 고르면 바로 아는 문법	
		문장으로 누적 연습, 문법 쓰기	
		누적 복습	
04	UNIT 4	설명 + 고르면 바로 아는 문법	
		문장으로 누적 연습, 문법 쓰기	
		누적 복습	
05	PART 1 기초 Test		
	PART 2		
06	UNIT 1	설명 + 고르면 바로 아는 문법	
		문장으로 누적 연습, 문법 쓰기	
		누적 복습	
07	UNIT 2	설명 + 고르면 바로 아는 문법	
		문장으로 누적 연습, 문법 쓰기	
		누적 복습	
08	UNIT 3	설명 + 고르면 바로 아는 문법	
		문장으로 누적 연습, 문법 쓰기	
		누적 복습	
09	UNIT 4	설명 + 고르면 바로 아는 문법	
		문장으로 누적 연습, 문법 쓰기	
		누적 복습	
10	UNIT 5	설명 + 고르면 바로 아는 문법	
		문장으로 누적 연습, 문법 쓰기	
		누적 복습	
11	PART 2 기초 Test		

PART 1

be동사

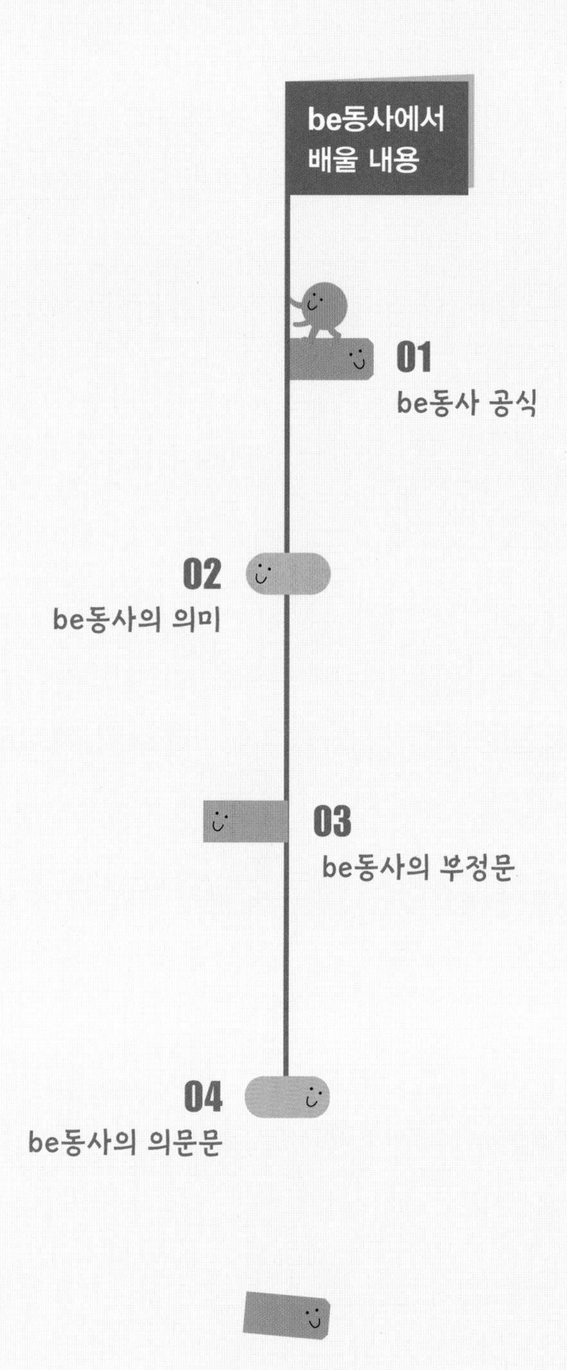

be동사는 '~이다, ~ 있다'의 의미로 주어의 직업, 상태, 있는 곳을 나타낼 때 써요.
be동사는 주어에 따라 am, are, is로 쓴답니다.

스스로 저절로 됩니다!

be동사 공식

DAY 1

● 오늘 내 점수는? ☆☆☆☆☆

본문 pp.16~17

● 이런 걸 공부했어요.

배운 내용을 써요!

DAY 2

● 오늘 내 점수는? ☆☆☆☆☆

본문 pp.18~19

● 이런 걸 공부했어요.

DAY 3

● 오늘 내 점수는? ☆☆☆☆☆

본문 pp.20~21

● 이런 걸 공부했어요.

cook
☑ 요리사 □ 학생

frog
□ 파리 □ 개구리

brother
□ 여동생 □ 남동생

classmate
□ 반 친구 □ 무용수

writer
□ 작가 □ 조종사

park
□ 공원 □ 거실

정답 요리사 · 남동생 · 작가 · 개구리 · 반 친구 · 공원

doctor
□ 의사 □ 간호사

twin
□ 형제 □ 쌍둥이

team
□ 친구 □ 팀(단체)

home
□ 집 □ 학교

mall
□ 사무실 □ 쇼핑 센터

playground
□ 운동장 □ 교실

정답 의사 · 팀(단체) · 쇼핑 센터 · 쌍둥이 · 집 · 운동장

friend
□ 친구 □ 학생

at the mall
□ 쇼핑 센터 □ 쇼핑 센터에

at home
□ 집 □ 집에

on my team
□ 우리 팀 □ 우리 팀에

in the park
□ 공원 □ 공원에

student
□ 학생 □ 선생님

정답 친구 · 집에 · 공원에 · 쇼핑 센터에 · 우리 팀에 · 학생

be동사 공식

am, are, is 세 가지 모두 **be동사**예요.

I	am	a cook.	나는 요리사이다.
He	is	my brother.	그는 내 남동생이다.

1 be동사는 주어에 맞게 **am, are, is**의 세 가지 모양으로 써요.

주어	be동사	
I 나는	am	I am a student. 나는 학생이다.
We 우리는 You 너는 / 너희들은 They 그들은 / 그것들은	are	We are friends. 우리는 친구이다.
He 그는 She 그녀는 It 그것은	is	She is a teacher. 그녀는 선생님이다.

QUIZ O/X로 표시

I am a student. ( )

I are a student. ( )

정답 O, X

2 주어와 be동사는 줄여 쓸 수 있어요. → (**We are / We're**)

I	am	→	I'm
We You They	are	→	We're You're They're
He She It	is	→	He's She's It's

- I'm a writer.
  나는 작가이다.
- We are in the playground.
  우리들은 놀이터에 있다.

★ am, are, is는 모두 be동사랍니다. 주어와 어울리는 be동사의 형태를 꼭 기억하세요.

I	am
We / You / They	are
He / She / It	is

알맞은 be동사를 골라 보세요.

STEP 1 be동사의 형태

I **am** a dancer.

1 I ________ a teacher. ☑ am ☐ is ☐ are

2 She ________ in the park. ☐ am ☐ is ☐ are

3 They ________ my friends. ☐ am ☐ is ☐ are

4 He ________ a singer. ☐ am ☐ is ☐ are

5 We ________ classmates. ☐ am ☐ is ☐ are

<주어+be동사>를 골라 보세요.

STEP 2 주어+be동사

They **are** toys.

1 ________ a doctor. ☑ I am ☐ I are

2 ________ ants. ☐ They is ☐ They are

3 ________ a frog. ☐ It is ☐ It are

4 ________ at school. ☐ She is ☐ She are

5 ________ my brother. ☐ He is ☐ He are

문장으로 누적연습

알맞은 주어 또는 be동사를 고르세요.

be동사 확인하기

I (am / are) a student. ❶ 주어에 어울리는 be동사

(I / You) are a student. ❷ be동사에 어울리는 주어

주어에 따라 변하는 be동사에 주의하세요.

1 나는 의사이다.
I [am / are] a doctor.

너는 의사이다.
You [am / are] a doctor.

2 그는 학교에 있다.
[He / We] is at school.

그녀는 학교에 있다.
[I / She] is at school.

3 우리는 반 친구이다.
We [is / are] classmates.

그들은 반 친구이다.
They [is / are] classmates.

4 그녀는 공원에 있다.
She [is / are] in the park.

우리는 공원에 있다.
We [is / are] in the park.

5 그들은 우리 팀이다(그들은 우리 팀에 있다).
[It / They] are on my team.

너는 우리 팀이다(너는 우리 팀에 있다).
[You / She] are on my team.

6 그것은 개구리이다.
It [is / are] a frog.

그것들은 개구리이다.
They [is / are] frogs.

주어와 be동사가 어울리게 바꿔 써보세요.

I am in the park. 그는 공원에 있다.

···› **He is** in the park. 그는 공원에 있다.

He에 어울리는 be동사로 바꿔 쓰세요.

1 **I am** a student. 나는 학생이다.

···› She ____________________.

2 **You are** my classmates. 너희들은 내 반 친구들이다.

···› They ____________________.

3 **She is** on my team. 그녀는 우리 팀이다.

···› They ____________________.

4 **They are** at the mall. 그들은 쇼핑 센터에 있다.

···› He ____________________.

5 **We are** twins. 우리는 쌍둥이다.

···› They ____________________.

6 **You are** a doctor. 너는 의사이다.

···› He ____________________.

be동사 공식 누적복습

STEP 1

단어 확인하기 / 단어 따라쓰기

01	brother	☐ 여동생	☑ 남동생	brother
02	friend	☐ 친구	☐ 천재	
03	writer	☐ 가수	☐ 작가	
04	park	☐ 방	☐ 공원	in the *
05	classmate	☐ 반 친구	☐ 선생님	
06	frog	☐ 강아지	☐ 개구리	
07	mall	☐ 쇼핑 센터	☐ 학교	at the *

*공원에서 / 쇼핑 센터에서

STEP 2

문장으로 보는 be동사 우리말에 맞게 써보세요.

(A) I am ~

01 나는 학생이다. ···› ______________ a student.

02 나는 집에 있다. ···› ______________ at home.

(B) We / You / They are ~

01 우리는 반 친구이다. ···› ______________ classmates.

02 너는 내 친구이다. ···› ______________ my friend.

(C) He / She / It is ~

01 그것은 개구리이다. ···› ______________ a frog.

02 그는 쇼핑 센터에 있다. ···› ______________ at the mall.

STEP 3 **be동사 point로 문장 쓰기**

01 a doctor

I am a doctor. 나는 의사이다.

He ______. 그는 의사이다.

02 soccer players

______ 우리는 축구선수들이다.

______ 그들은 축구선수들이다.

03 at home

______ 그는 집에 있다.

______ 그녀는 집에 있다.

04 a writer

______ 나는 작가이다.

______ 너는 작가이다.

05 at the mall

______ 그들은 쇼핑 센터에 있다.

______ 그는 쇼핑 센터에 있다.

06 in the park

______ 그는 공원에 있다.

______ 그것은 공원에 있다.

Day 4.5.6

스스로 저절로 됩니다!

be동사의 의미

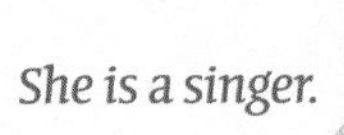

DAY 4

● 오늘 내 점수는? ☆☆☆☆☆ 본문 pp.24~25

● 이런 걸 공부했어요.

배운 내용을 써요!

DAY 5

● 오늘 내 점수는? ☆☆☆☆☆ 본문 pp.26~27

● 이런 걸 공부했어요.

DAY 6

● 오늘 내 점수는? ☆☆☆☆☆ 본문 pp.28~29

● 이런 걸 공부했어요.

girl
☑ 소녀 ☐ 소년

teacher
☐ 학생 ☐ 선생님

singer
☐ 가수 ☐ 무용수

school
☐ 학교 ☐ 교실

player
☐ 놀이 ☐ 선수

room
☐ 공원 ☐ 방

정답 소녀 · 가수 · 선수 · 선생님 · 학교 · 방

at school
☐ 학교 ☐ 학교에

desk
☐ 책상 ☐ 의자

classroom
☐ 교실 ☐ 선생님

soccer player
☐ 축구 ☐ 축구선수

library
☐ 음악실 ☐ 도서관

soccer team
☐ 축구팀 ☐ 축구선수

정답 학교에 · 교실 · 도서관 · 책상 · 축구선수 · 축구팀

grade
☐ 학년 ☐ 학생

in the library
☐ 도서관 ☐ 도서관에

in the first(1st) grade
☐ 1학년에 ☐ 2학년에

on the soccer team
☐ 축구팀 ☐ 축구팀에

in the second(2rd) grade
☐ 1학년에 ☐ 2학년에

in the classroom
☐ 교실 ☐ 교실에

정답 학년 · 1학년에 · 2학년에 · 도서관에 · 축구팀에 · 교실에

be동사의 의미

*be동사의 의미*는 **am, are, is** 다음에 오는 단어에 따라 '이다', '있다'로 해석해요.

I	**am** (이다)	*a teacher.*	직업
	am (있다)	*at school.*	장소

1 *be동사* 다음에 *〈이름, 성별, 직업, 나이〉*가 오면 *'~이다'*로 해석해요.

주어+be동사		이름, 성별, 직업, 나이	
I am	이름	I am Mina.	나는 미나이다.
You are We are They are	직업 성별	You are a singer.	너는 가수이다.
		We are doctors.	우리는 의사이다.
		They are girls.	그들은 여자아이들이다.
He is She is It is	나이 가족관계 동물/사물	He is 10 years old.	그는 10살이다.
		She is my sister.	그녀는 내 여동생이다.
		It is my dog.	그것은 내 강아지이다.

2 *be동사* 다음에 *〈장소, 학년, 팀〉* 등이 오면 *'있다'*로 해석해요.

주어+be동사	장소, 학년, 팀	
I am	I am at school.	나는 학교에 있다.
You are We are They are	You are in London.	너는 런던에 있다.
	We are on the soccer team.	우리는 축구팀에 있다.
	They are in the room.	그들은 방에 있다.
He is She is It is	He is in the first grade.	그는 1학년이다.
	She is in the second grade.	그녀는 2학년이다.
	It is on the desk.	그것은 책상 위에 있다.

알맞은 의미에 연결해 보세요.

STEP 1 be동사의 의미 ❶

I am a dancer. ☑ 이다 ☐ 있다

1 I am a soccer player. • • 그들은 학교에 있다.

2 She is a teacher. • • 나는 축구선수이다.

3 They are at school. • • 그녀는 선생님이다.

---

4 You are my friend. • • 그는 런던에 있다.

5 He is in London. • • 우리는 방에 있다.

6 We are in the room. • • 너는 내 친구이다.

우리말에 맞는 것에 동그라미 하세요.

STEP 2 be동사의 의미 ❷

I am ☐ school ☑ at school .

1 나는 쇼핑 센터에 있다. I am [the mall / at the mall].

2 그녀는 축구팀에 있다. She is [the soccer team / on the soccer team].

3 그는 공원에 있다. He is [the park / in the park].

4 그들은 반 친구이다. They are [classmates / at classmates].

5 그것은 내 강아지이다. It is [my dog / in my dog].

2 문장으로 누적연습

be동사의 알맞은 의미를 골라 보세요.

be동사 의미 비교하기

It is the box.	☑ 이다 ☐ 있다	❶ be동사 다음에 물건이 나와 '이다'의 의미
It is in the box.	☐ 이다 ☑ 있다	❷ be동사 다음에 공간이 나오면 '있다'의 의미

→ be동사 다음에 오는 말에 따른 의미 변화에 주의해요.

1 나는 학교 [이다 / 에 있다].
I am at school.

그것은 학교 [이다 / 에 있다].
It is a school.

2 그들은 교실 [이다 / 에 있다].
They are in the classroom.

그것들은 교실 [이다 / 에 있다].
They are classrooms.

3 우리는 반 친구 [이다 / 에 있다].
We are classmates.

우리는 친구 [이다 / 에 있다].
We are friends.

4 그녀는 도서관 [이다 / 에 있다].
She is in the library.

우리는 공원 [이다 / 에 있다].
We are in the park.

5 그들은 축구선수 [이다 / 에 있다].
They are soccer players.

그는 쇼핑 센터 [이다 / 에 있다].
He is at the mall.

6 그것은 책상 [이다 / 에 있다].
It is a desk.

그것은 책상 위 [이다 / 에 있다].
It is on the desk.

배열해 보는 문법쓰기

의미에 맞게 주어진 단어를 배열해 쓰세요.

나는 1학년이다. [in, I, the first grade, am]

의미에 어울리게 be동사 다음의 단어를 바르게 배열하세요.

···› I am in the first grade.

1 우리는 축구팀에 있다. [are, on, we, the soccer team]

···›

2 그것은 책상이다. [a desk, is, it]

···›

3 그는 도서관에 있다. [the library, he, in, is]

···›

4 너는 2학년이다. [you, in, are, the second grade]

···›

5 그들은 반 친구이다. [are, classmates, they]

···›

6 그녀는 쇼핑 센터에 있다. [at, is, the mall, she]

···›

be동사의 의미 누적복습

STEP 1 단어 확인하기

				단어 따라쓰기
01	soccer team	☐ 야구팀	☑ 축구팀	soccer team
02	grade	☐ 학년	☐ 교실	
03	the first grade	☐ 1학년	☐ 2학년	
04	the second grade	☐ 1학년	☐ 2학년	
05	soccer player	☐ 야구선수	☐ 축구선수	
06	library	☐ 교실	☐ 도서관	
07	desk	☐ 의자	☐ 책상	

STEP 2 문장으로 보는 be동사의 의미 우리말에 맞게 써보세요.

(A) I am ~

01 나는 축구선수이다. ···› ____________________

02 나는 축구팀에 있다. ···› ____________________

(B) We / You / They are ~

01 우리는 1학년이다. ···› ____________________

02 그들은 도서관에 있다. ···› ____________________

(C) He / She / It is ~

01 그것은 책상이다. ···› ____________________

02 그는 2학년이다. ···› ____________________

STEP 3 be동사의 의미 point로 문장 쓰기

01
at school | I am at school. 나는 학교에 있다.
a school | It ______. 그것은 학교이다.

02
in the classroom | ______ 우리는 교실에 있다.
a classroom | ______ 그것은 교실이다.

03
a library | ______ 그것은 도서관이다.
in the library | ______ 그녀는 도서관에 있다.

04
in the first grade | ______ 나는 1학년이다.
in the second grade | ______ 너는 2학년이다.

05
a soccer player | ______ 그는 축구선수이다.
a soccer player | ______ 그녀는 축구선수이다.

06
a desk | ______ 그것은 책상이다.
on the desk | ______ 그것은 책상 위에 있다.

Day 7.8.9

스스로 저절로 됩니다!

be동사의 부정문

DAY 7

● 오늘 내 점수는? ☆☆☆☆☆

본문 pp.32~33

● 이런 걸 공부했어요.

배운 내용을 써요!

DAY 8

● 오늘 내 점수는? ☆☆☆☆☆

본문 pp.34~35

● 이런 걸 공부했어요.

DAY 9

● 오늘 내 점수는? ☆☆☆☆☆

본문 pp.36~37

● 이런 걸 공부했어요.

nurse
☑ 간호사 ☐ 의사

under the tree
☐ 나무 ☐ 나무 아래에

kitchen
☐ 거실 ☐ 부엌

family
☐ 형제 ☐ 가족

scientist
☐ 과학 ☐ 과학자

baby
☐ 어른 ☐ 아기

정답 간호사 · 나무 아래에 · 부엌 · 가족 · 과학자 · 아기

pilot
☐ 의사 ☐ 조종사

in France
☐ 프랑스 ☐ 프랑스에

chair
☐ 의자 ☐ 의자 위에

on the chair
☐ 의자 ☐ 의자 위에

living room
☐ 거실 ☐ 거실에

in the living room
☐ 거실 ☐ 거실에

정답 조종사 · 프랑스에 · 의자 · 의자 위에 · 거실 · 거실에

in the kitchen
☐ 부엌 ☐ 부엌에

in the hall
☐ 복도 ☐ 복도에

at school
☐ 학교 ☐ 학교에

in my class
☐ 우리 반 ☐ 우리 반에

firefighter
☐ 경찰 ☐ 소방관

kid
☐ 어른 ☐ 아이

정답 부엌에 · 복도에 · 학교에 · 우리 반에 · 소방관 · 아이

03 be동사의 부정문

*be동사의 부정문*은 〈**am, are, is+not**〉으로 써요.

I	am	*a doctor.*	나는 의사이다.
↓			
I	am not	*a cook.*	나는 요리사가 아니다.

1 *be동사의 부정문*은 〈**am, are, is+not**〉으로 be동사 다음에 not을 써요.

주어	be동사+not		
I	am not	I am not a teacher.	나는 선생님이 아니다.
You We They	are not (= aren't)	You are not a scientist. We are not from Canada. They are not under the tree.	너는 과학자가 아니다. 우리는 캐나다 출신이 아니다. 그들은 나무 아래에 없다.
He She It	is not (= isn't)	He is not a pilot. She is not a baby. It is not on the desk.	그는 조종사가 아니다. 그녀는 아기가 아니다. 그것은 책상 위에 없다.

→ <be동사+not>을 줄여 쓸 수 있어요.

2 *be동사의 부정문* 〈**am, are, is+not**〉은 '아니다', '없다'는 의미예요.

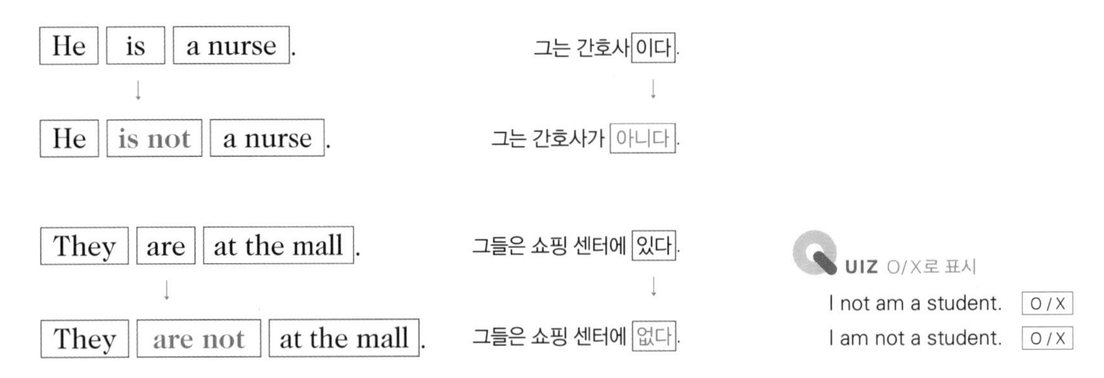

정답 X, O

고르면 바로 아는 문법

주어에 맞게 <be동사+not>을 골라 보세요.

STEP 1 be동사의 부정문

I **am not** a dancer.

1 I ________ a cook. ☑ am not ☐ are not

2 She ________ in the park. ☐ is not ☐ are not

3 They ________ friends. ☐ is not ☐ are not

4 He ________ in the hall. ☐ am not ☐ is not

5 We ________ classmates. ☐ is not ☐ are not

<be동사+not>의 의미를 골라 보세요.

STEP 2 be동사의 부정문 의미

I **am not** a dancer. 나는 무용수가 아니다.

1 I am not a writer. ☑ 아니다 ☐ 없다

2 He is not in the room. ☐ 아니다 ☐ 없다

3 It is not in the living room. ☐ 아니다 ☐ 없다

4 We are not at school. ☐ 아니다 ☐ 없다

5 They are not family. ☐ 아니다 ☐ 없다

문장으로 누적연습

다음 문장을 부정문으로 고친 후 우리말을 쓰세요.

be동사
부정문 쓰기

I am a kid. ···› *I am not a kid.*		❶ <be동사+not>의 부정문
나는 아이이다. ···› 나는 아이가 아니다.		❷ 부정문의 의미: 아니다, 없다

1 I [am] a cook ···›

나는 요리사이다. ________________

2 He [is] in the kitchen. ···›

그는 부엌에 있다. ________________

3 We [are] family. ···›

우리는 가족이다. ________________

4 She [is] my mom. ···›

그녀는 나의 엄마이다. ________________

5 They [are] on my team. ···›

그들은 우리 팀에 있다(우리 팀이다). ________________

6 It [is] in France. ···›

그것은 프랑스에 있다. ________________

우리말에 맞게 문장을 쓰세요.

나는 선생님이다. → 나는 선생님이 아니다.

I **am** a teacher. ··· I [am not] a teacher.

→ be동사의 부정문을 써보세요.

1 그것들은 의자 위에 있다. (on the chair)

They are on the chair.

그것들은 의자 위에 없다.

They ______________.

2 그는 거실에 있다. (in the living room)

He ______________.

그는 거실에 없다.

____

3 그녀는 축구선수이다. (a soccer player)

She ______________.

그녀는 축구선수가 아니다.

____

4 그는 1학년이다. (in the first grade)

He ______________.

그는 1학년이 아니다.

____

5 우리는 소방관이다. (firefighters)

We ______________.

우리는 소방관이 아니다.

____

be동사의 부정문 누적복습

STEP 1 단어 확인하기 / 단어 따라쓰기

01	nurse	☑ 간호사	□ 의사	nurse
02	tree	□ 나무	□ 교실	under the *
03	pilot	□ 요리사	□ 조종사	
04	kitchen	□ 방	□ 부엌	in the *
05	family	□ 친구	□ 가족	
06	chair	□ 의자	□ 탁자	on the *
07	living room	□ 거실	□ 학교	in the *

*나무 아래에 / 부엌에 / 의자 위에 / 거실에

STEP 2 문장으로 보는 be동사의 부정문 우리말에 맞게 써보세요.

(A) I am not ~

01 나는 조종사가 아니다. ··· ________________

02 나는 부엌에 없다. ··· ________________

(B) We / You / They are not ~

01 우리는 가족이 아니다. ··· ________________

02 그들은 나무 아래에 없다. ··· ________________

(C) He / She / It is not ~

01 그것은 의자가 아니다. ··· ________________

02 그는 거실에 없다. ··· ________________

STEP 3 **be동사의 부정문 point로 문장 쓰기**

01 **a doctor**

I ___am a doctor___. 나는 의사이다.

He ______________. 그는 의사가 아니다.

02 **classmates**

______________ 우리는 반 친구이다.

______________ 그들은 반 친구가 아니다.

03 **in the library**

______________ 그는 도서관에 있다.

______________ 그녀는 도서관에 없다.

04 **a writer**

______________ 나는 작가이다.

______________ 너는 작가가 아니다.

05 **in the kitchen**

______________ 그들은 부엌에 있다.

______________ 우리는 부엌에 없다.

06 **my family**

______________ 그는 내 가족이다.

______________ 그들은 내 가족이 아니다.

Day 10.11.12

스스로 저절로 됩니다!

be동사의 의문문

DAY 10

● 오늘 내 점수는? ☆☆☆☆☆

본문 pp.40~41

● 이런 걸 공부했어요.

배운 내용을 써요!

DAY 11

● 오늘 내 점수는? ☆☆☆☆☆

본문 pp.42~43

● 이런 걸 공부했어요.

DAY 12

● 오늘 내 점수는? ☆☆☆☆☆

본문 pp.44~45

● 이런 걸 공부했어요.

police officer
☐ 소방관 ☑ 경찰관

floor
☐ 층 ☐ 꽃

concert
☐ 영화 ☐ 콘서트

swimmer
☐ 수영 ☐ 수영선수

chef
☐ 요리사 ☐ 부엌

grass
☐ 풀 ☐ 유리

정답 경찰관 · 콘서트 · 요리사 · 층 · 수영선수 · 풀

reporter
☐ 기자 ☐ 작가

airport
☐ 공항 ☐ 항공기

bus stop
☐ 버스 ☐ 버스 정류장

bathroom
☐ 거실 ☐ 욕실

at the bus stop
☐ 버스 정류장 ☐ 버스 정류장에

in the grass
☐ 풀밭 ☐ 풀밭에

정답 기자 · 버스 정류장 · 버스 정류장에 · 공항 · 욕실 · 풀밭에

on the first floor
☐ 1층에 ☐ 2층에

painter
☐ 가수 ☐ 화가

on the second floor
☐ 1층에 ☐ 2층에

at the airport
☐ 공항 ☐ 공항에

in the bathroom
☐ 욕실 ☐ 욕실에

at the concert
☐ 콘서트 ☐ 콘서트에

정답 1층에 · 2층에 · 욕실에 · 화가 · 공항에 · 콘서트에

be동사의 의문문

*be동사의 의문문*은 주어와 **am, are, is** 자리를 바꿔 써요.

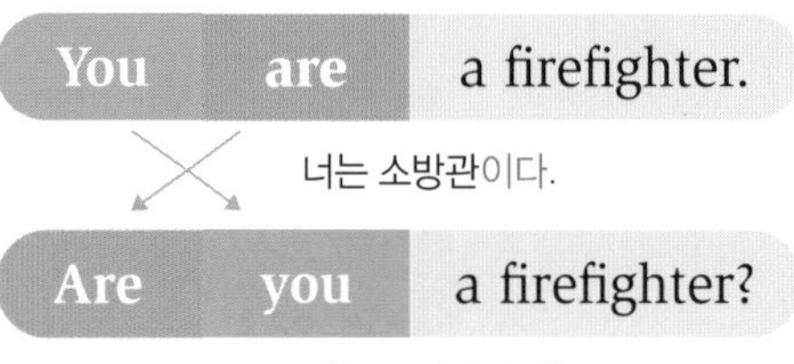

1 *be동사의 의문문*은 〈**Am, Are, Is+주어~?**〉로 말해요.

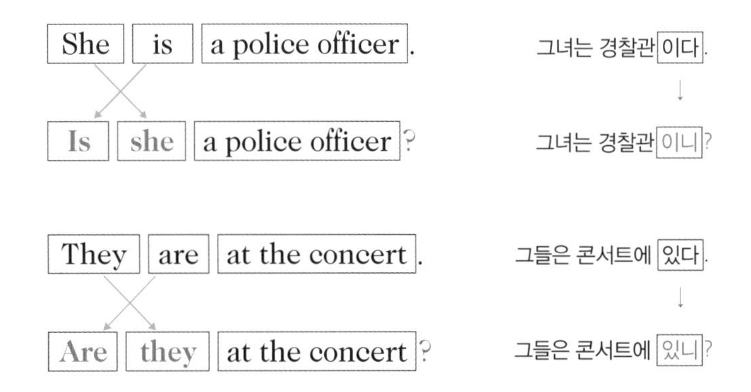

2 *be동사 의문문의 답*은 〈**Yes**, 주어+**be**동사.〉, 〈**No**, 주어+**be**동사+**not**.〉으로 말해요.

의문문	Yes, 주어+be동사. (응, 맞아.)	No, 주어+be동사+not. (아니, 그렇지 않아.)
Are you a chef? 너는 요리사이니?	Yes, I am.	No, I'm not.*
Is he on the second floor? Is she on the second floor? 그는(그녀는) 2층에 있니?	Yes, he is. Yes, she is.	No, he isn't.* No, she isn't.
Are we good students? Are they good students? 우리는(그들은) 좋은 학생들이니?	Yes, you are. Yes, they are.	No, you aren't.* No, they aren't.

✱ you(너)로 물으면 I(나)로, we(우리)로 물으면 you로 답해요.

Are you a student?
- Yes, I am.

✱ is not은 isn't로, are not은 aren't로 줄여서 써요. I am not도 I'm not으로 줄여 써요.

고르면 바로 아는 문법

의문문이 되도록 알맞은 말을 골라 보세요.

STEP 1 be동사의 의문문

Is **he** a dancer?

1 ______________ a painter? ☑ Are you ☐ Is you

2 ______________ at the airport? ☐ Is he ☐ Are he

3 ______________ good friends? ☐ Is they ☐ Are they

4 ______________ in the bathroom? ☐ Am we ☐ Are we

5 ______________ a swimmer? ☐ Is she ☐ Are she

알맞은 대답을 골라 보세요.

STEP 2 be동사 의문문의 대답

Are you a student? **Yes, I am.**

1 Are you in my class? ☑ Yes, I am. ☐ Yes, I'm not.

2 Are they family? ☐ No, they are. ☐ No, they aren't.

3 Is it in the grass? ☐ No, it is. ☐ No, it isn't.

4 Is she at the bus stop? ☐ No, she is. ☐ No, she isn't.

5 Is he a reporter? ☐ Yes, he is. ☐ Yes, he isn't.

2 문장으로 누적연습

주어진 문장을 의문문으로 고친 후 우리말을 쓰세요.

be동사 의문문 쓰기

He is a student. ···› *Is he* a student?	❶ <Be동사+주어 ~?>의 의문문
그는 학생이다. ···› 그는 학생이니?	❷ 우리말 해석하기

1 They are good players. ···›

그들은 훌륭한 선수들이다. ______________________

2 He is in the grass. ···›

그는 풀밭에 있다. ______________________

3 You are firefighters. ···›

너희들은 소방관이다. ______________________

4 She is a reporter. ···›

그녀는 기자이다. ______________________

5 They are on my team. ···›

그들은 우리 팀에 있다(우리 팀이다). ______________________

6 It is a rabbit. ···›

그것은 토끼이다. ______________________

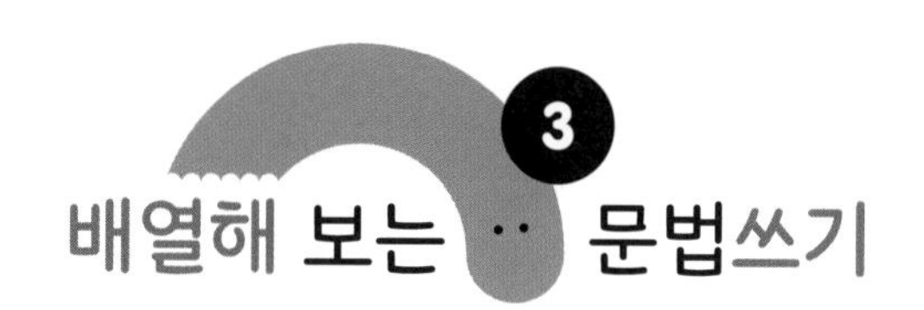

주어진 단어를 배열하여 문장을 완성하세요.

너는 1학년이니? [are, in the first grade, you]

··· Are you in the first grade?

의문문은 be동사를 앞에 써요.

1 너희는 축구팀에 있니? [are, on the soccer team, you]

···

2 그것은 책상이니? [a desk, is, it]

···

3 그는 도서관에 있니? [in the library, he, is]

···

4 너는 2층에 있니? [you, are, on the second floor]

···

5 그들은 반 친구이니? [are, classmates, they]

···

6 그녀는 쇼핑 센터에 있니? [at the mall, is, she]

···

be동사의 의문문 누적복습

STEP 1 단어 확인하기 / 단어 따라쓰기

01	firefighter	☑ 소방관	☐ 경찰관	firefighter
02	chef	☐ 선생님	☐ 요리사	
03	floor	☐ (몇) 층	☐ 건물	on the first *
04	swimmer	☐ 수영	☐ 수영선수	
05	grass	☐ 풀	☐ 언덕	
06	bathroom	☐ 거실	☐ 욕실	in the *
07	reporter	☐ 기자	☐ 의사	

*1층에 / 욕실에

STEP 2 문장으로 보는 be동사의 의문문 우리말에 맞게 써보세요.

(A) Are you ~?

01 너는 요리사이니? ···› ________________

02 너는 욕실에 있니? ···› ________________

(B) Are they ~?

01 그들은 소방관들이니? ···› ________________

02 그들은 1층에 있니? ···› ________________

(C) Is he / she ~?

01 그는 기자이니? ···› ________________

02 그녀는 풀밭에 있니? ···› ________________

STEP 3 be동사의 의문문 point로 문장 쓰기

01 a good player

Are you a good player? 너는 훌륭한 선수이니?

그는 훌륭한 선수이니?

02 on the second floor

우리는 2층에 있는 거니?

그들은 2층에 있는 거니?

03 a reporter

너는 기자이니?

그녀는 기자이니?

04 firefighters

그들은 소방관이니?

너희들은 소방관이니?

05 in the grass

그것은 풀밭에 있니?

그들은 풀밭에 있니?

06 at the bus stop

그는 버스 정류장에 있니?

그녀는 버스 정류장에 있니?

1교시	초등학교 영어 기초 TEST **be동사**

(   )초등학교 (   )학년 (   )반 (   )번   이름(   )

1 **다음 그림을 보고, 빈칸에 알맞은 <주어+be동사>를 쓰세요.**

❶

Hi, my name is Mina. 안녕, 내 이름은 미나야.

_______ _______ a student. 나는 학생이야.

_______ _______ my brother. 그는 내 오빠야.

_______ _______ a student. 그는 학생이야.

_______ _______ my dad. 그는 우리 아빠야.

_______ _______ my mom. 그녀는 우리 엄마야.

_______ _______ my family. 그들은 내 가족이야.

❹

_______ _______ in my class. 그들은 우리 반이야.

_______ _______ friends. 우리는 친구야.

❺

_______ _______ in the first grade.
그들은 1학년이다.

_______ _______ soccer players.
그들은 축구선수이다.

2 다음 밑줄 친 부분의 의미를 보기에서 찾아 쓰세요.

이다　　있다

1. He <u>is</u> a teacher. (의미) ____________
2. She <u>is</u> in the library. (의미) ____________
3. We <u>are</u> 10 years old. (의미) ____________
4. He and I <u>are</u> on the same team. (의미) ____________
5. They <u>are</u> my classmates. (의미) ____________
6. It <u>is</u> in the box. (의미) ____________

3 다음 그림을 보고, 물음에 답을 Yes나 No로 쓰세요.

1. Are you a firefighter?

   → ____________________________

2. 1학년

   Are you in the second grade?

   → ____________________________

3. Is she a teacher?

   → ____________________________

4. Is he in his room?

   → ____________________________

4 다음 그림을 보고, 빈칸에 알맞은 <주어+be동사>를 쓰세요.

이름: Kate
나이: 10 years old
직업: a student
학년: in the third grade

A Is Kate a teacher?

B _______, _______ _______.

_______ _______ a student.

A Is she 10 years old?

B _______, _______ _______.

A _______ _______ in the second grade?

B _______, _______ _______.

_______ _______ in the third grade.

2

이름: Jake
나이: 11 years old
직업: a student
학년: in the fourth grade

A Is Jake a student?

B _______, _______ _______.

A Is he 10 years old?

B _______, _______ _______.

_______ _______ 11 years old.

A _______ _______ in the fourth grade?

B _______, _______ _______.

5 다음 우리말에 맞게 주어진 단어를 이용하여 문장을 쓰세요.

1. 그녀는 가수가 아니다. (a singer)

→ ______________________________

2. 그는 과학자입니까? (a scientist)

→ ______________________________

3. 그들은 도서관에 없다. (in the library)

→ ______________________________

4. 그들은 농구선수이다. 그들은 축구선수가 아니다. (basketball players / soccer players)

→ ______________________________

____

6 다음 주어진 단어와 be동사를 이용하여 쓰세요.

1. (a singer, he) → (의문문) ______________________________
2. (I, his brother) → ______________________________
3. (not, we, friends) → (부정문) ______________________________
4. (not, they, on my team) → (부정문) ______________________________
5. (a firefighter, she) → (의문문) ______________________________
6. (in the box, it) → ______________________________

PART 2

일반동사

일반동사는 동작이나 상태를 나타내는 단어를 말해요.

일반동사는 주어에 따라 모양이 바뀌는 것에 유의해야 해요.

Day 13.14.15

스스로 저절로 됩니다!

일반동사 공식 ①

DAY 13

● 오늘 내 점수는? ☆☆☆☆☆

본문 pp.54~55

● 이런 걸 공부했어요.

배운 내용을 써요!

DAY 14

● 오늘 내 점수는? ☆☆☆☆☆

본문 pp.56~57

● 이런 걸 공부했어요.

DAY 15

● 오늘 내 점수는? ☆☆☆☆☆

본문 pp.58~59

● 이런 걸 공부했어요.

eat
☑ 먹다 ☐ 마시다

feel
☐ 보다 ☐ 느끼다

like
☐ 싫어하다 ☐ 좋아하다

push
☐ 맡다 ☐ 밀다

watch
☐ 보다 ☐ 느끼다

draw
☐ 그리다 ☐ 쓰다

정답 먹다 · 좋아하다 · 보다 · 느끼다 · 밀다 · 그리다

learn
☐ 가르치다 ☐ 배우다

wash
☐ 씻다 ☐ 걷다

sell
☐ 사다 ☐ 팔다

walk
☐ 씻다 ☐ 걷다

swim
☐ 달리다 ☐ 수영하다

move
☐ 멈추다 ☐ 움직이다

정답 배우다 · 팔다 · 수영하다 · 씻다 · 걷다 · 움직이다

do homework
☐ 숙제하다 ☐ 집안일을 하다

go shopping
☐ 수영하러 가다 ☐ 쇼핑하러 가다

do the dishes
☐ 요리하다 ☐ 설거지하다

buy
☐ 사다 ☐ 팔다

drink
☐ 먹다 ☐ 마시다

go to school
☐ 집에 오다 ☐ 학교에 가다

정답 숙제하다 · 설거지하다 · 마시다 · 쇼핑하러 가다 · 사다 · 학교에 가다

01 일반동사 공식 ①

일반동사는 '걷다, 보다, 먹다'라는 움직임이나 '좋아하다, 느끼다'와 같은 상태를 나타내요.

I	**see**	a cat.	나는 고양이를 본다.
It	**likes**	milk.	그것은 우유를 좋아한다.

1 **일반동사**는 주어에 따라 **eat** 또는 **eats**처럼 모양을 다르게 써요.

		주어	일반동사의 모양
love	→	I / You / We / They	love
		He / She / It	loves
watch		I / You / We / They	watch
		He / She / It	watches

- She ~~love~~ / **loves** trees. 그녀는 나무를 아주 좋아한다.
- They **watch** / ~~watches~~ TV. 그들은 TV를 본다.

일반동사는 주어가 he, she, it일 때 -(e)s를 써요.

I / We / You / They	walk
He / She / It	walks

2 **일반동사**는 주어가 **he, she, it**일 때 다음과 같은 규칙으로 바꿔 써야 해요.

일반동사	규칙	예
대부분의 동사	+s	see → sees, walk → walks, move → moves, love → loves, make → makes, learn → learns • He sees a bird. 그는 새를 본다. • She walks to school. 그녀는 학교에 걸어간다.
-o, -s, -x, -sh, -ch로 끝나는 동사	+es	do → does, go → goes, teach → teaches, watch → watches, push → pushes, fix → fixes • He does the dishes. 그는 설거지를 한다. • She goes shopping. 그녀는 쇼핑하러 간다.

고르면 바로 아는 문법

주어에 맞게 일반동사를 골라 보세요.

STEP 1 일반동사 ❶

I ☑ like ☐ likes

1	I	☑ walk	☐ walks
2	She	☐ feel	☐ feels
3	They	☐ like	☐ likes
4	He	☐ sing	☐ sings
5	We	☐ draw	☐ draws
6	You	☐ read	☐ reads
7	It	☐ drink	☐ drinks
8	He	☐ dance	☐ dances
9	She	☐ buy	☐ buys
10	It	☐ eat	☐ eats

주어에 맞게 일반동사를 써보세요.

STEP 2 일반동사 ❷

drink → He drinks

1 love → He loves

2 see → I ______

3 make → She ______

4 do → You ______

5 watch → He ______

6 move → She ______

7 swim → We ______

8 play → They ______

9 go → He ______

10 push → It ______

문장으로 누적연습

주어에 어울리는 일반동사를 고르세요.

일반동사 형태 비교하기

He (make / makes) cake. — ❶ 주어에 어울리는 일반동사 모양

He (watch / watches) TV. — ❷ 일반동사 변화 규칙

→ -ch로 끝나는 동사는 es를 붙여 써요.

1 나는 매일 학교에 간다.

I [go / goes] to school every day.

그는 매일 학교에 간다.

He [go / goes] to school every day.

2 그는 영어를 배운다.

He [learn / learns] English.

우리는 영어를 배운다.

We [learn / learns] English.

3 우리는 책을 판다.

We [sell / sells] books.

그는 책을 판다.

He [sell / sells] books.

4 그녀는 설거지를 한다.

She [dos / does] the dishes.

그녀는 설거지를 한다.

She [washs / washes] the dishes.

5 그는 학교에 걸어간다.

He [walks / walkes] to school.

그는 학교에 뛰어간다.

He [runs / runes] to school.

6 그것은 물에서 수영한다.

It [swim / swims] in water.

그것은 물을 마신다.

It [drink / drinks] water.

주어에 어울리게 일반동사를 고쳐 문장을 다시 쓰세요.

I ~~does~~ my homework.

…› I do my homework.

1 It move at night.

…›

2 She watch TV at 9.

…›

3 We likes a dog.

…›

4 He teach English.

…›

5 She wash her hands.

…›

6 They goes to school at 8.

…›

일반동사 공식 ① 누적복습

STEP 1 단어 확인하기

				단어 따라쓰기
01	watch	☑ 보다	☐ 가다	watch
02	move	☐ 움직이다	☐ 공부하다	
03	wash	☐ 씻다	☐ 사다	
04	draw	☐ 그리다	☐ 날다	
05	learn	☐ 배우다	☐ 해보다	
06	push	☐ 알다	☐ 밀다	
07	sell	☐ 팔다	☐ 사다	

STEP 2 문장으로 보는 일반동사 공식 우리말에 맞게 써보세요.

(A) I do ~

01 나는 숙제를 한다. ···› ______________ my homework.

02 나는 설거지를 한다. ···› ______________ the dishes.

(B) We / You / They do ~

01 우리는 숙제를 한다. ···› ______________ our homework.

02 너는 설거지를 한다. ···› ______________ the dishes.

(C) He / She does ~

01 그는 숙제를 한다. ···› ______________ his homework.

02 그녀는 설거지를 한다. ···› ______________ the dishes.

STEP 3 일반동사 point로 문장 쓰기

01 **go**

I ___go to school___ at 8. 나는 8시에 학교에 간다.

He ________________ at 8. 그는 8시에 학교에 간다.

02 **watch**

________________ TV. 그들은 TV를 본다.

________________ TV. 그는 TV를 본다.

03 **walk**

________________ to school. 그는 학교에 걸어간다.

________________ to school. 그녀는 학교에 걸어간다.

04 **do**

________________ my homework. 나는 숙제를 한다.

________________ our homework. 우리는 숙제를 한다.

05 **draw**

________________ a dog. 그녀는 개를 그린다.

________________ a dog. 그들은 개를 그린다.

06 **like**

________________ water. 그들은 물을 좋아한다.

________________ water. 그것은 물을 좋아한다.

Day 16.17.18

스스로 저절로 됩니다!

일반동사 공식 ②

DAY 16

● 오늘 내 점수는? ☆☆☆☆☆

본문 pp.62~63

● 이런 걸 공부했어요.

배운 내용을 써요!

DAY 17

● 오늘 내 점수는? ☆☆☆☆☆

본문 pp.64~65

● 이런 걸 공부했어요.

DAY 18

● 오늘 내 점수는? ☆☆☆☆☆

본문 pp.66~67

● 이런 걸 공부했어요.

fix
☐ 해보다 ☑ 고치다

talk
☐ 듣다 ☐ 말하다

teach
☐ 배우다 ☐ 가르치다

say
☐ 쓰다 ☐ 말하다

start
☐ 끝내다 ☐ 시작하다

see
☐ 보다 ☐ 듣다

정답 고치다 · 가르치다 · 시작하다 · 말하다 · 말하다 · 보다

fly
☐ 날다 ☐ 뛰다

cry
☐ 웃다 ☐ 울다

study
☐ 공부하다 ☐ 연주하다

play
☐ 놀다 ☐ 공부하다

enjoy
☐ 일하다 ☐ 즐기다

have
☐ 주다 ☐ 가지다

정답 날다 · 공부하다 · 즐기다 · 울다 · 놀다 · 가지다

play soccer
☐ 축구를 하다 ☐ 축구를 가르치다

study math
☐ 수학을 공부하다 ☐ 수학을 좋아하다

enjoy the sunlight
☐ 햇빛이 있다 ☐ 햇빛을 즐기다

play the piano
☐ 피아노를 팔다 ☐ 피아노를 연주하다

have a toy
☐ 장난감을 사다 ☐ 장난감을 갖고 있다

cry alone
☐ 혼자 웃다 ☐ 혼자 울다

정답 축구를 하다 · 햇빛을 즐기다 · 장난감을 갖고 있다 · 수학을 공부하다 · 피아노를 연주하다 · 혼자 울다

일반동사 공식 ②

일반동사는 주어에 따라 모양이 달라지는 규칙이 더 있어요.

He	studies	math.	그는 수학을 공부한다.
He	has	a cat.	그는 고양이가 있다.

1 **일반동사**는 *주어가* **he, she, it**일 때 다음과 같은 규칙으로 써요.

일반동사	규칙	예
대부분의 동사	+s	sees, walks, moves, loves
-o, -s, -x, -sh, -ch로 끝나는 동사	+es	does, goes, watches, touches teaches, washes, fixes
자음+**y**	y → i+es	study → studies try → tries fly → flies cry → cries
모음+**y**	+s	buys, plays, says, enjoys
*예외		have – has

2 **일반동사**는 주어에 따라서 다음과 같이 바꿔 쓰세요.

	study	**play**	**have**
I	study	play	have
You	study	play	have
We	study	play	have
He	studies	plays	has
She	studies	plays	has
It	studies	plays	has
They	study	play	have

고르면 바로 아는 문법

주어에 어울리는 일반동사를 골라 보세요.

STEP 1 일반동사 ❶

He ☐ sleep ☑ sleeps

1 I ☑ take ☐ takes
2 She ☐ touch ☐ touches
3 They ☐ watch ☐ watches
4 He ☐ start ☐ starts
5 She ☐ teach ☐ teaches
6 You ☐ wash ☐ washes
7 It ☐ go ☐ goes
8 He ☐ do ☐ does
9 We ☐ buy ☐ buys
10 It ☐ talk ☐ talks

주어에 어울리는 일반동사를 써보세요.

STEP 2 일반동사 ❷

cry → He cries

1 ride → He rides
2 play → I ______
3 try → She ______
4 say → You ______
5 fly → It ______
6 study → She ______
7 enjoy → He ______
8 have → It ______

2 문장으로 누적연습

주어에 어울리는 일반동사를 고르세요.

일반동사 형태 비교하기

He (drink / drinks) water. ❶ 주어에 따라 변하는 일반동사 모양

It (flys / flies) at night. ❷ 일반동사에 따른 변화

<자음+y>는 y를 i로 고쳐 ies로 써요.

1 나는 매일 축구를 한다.

I [play / plays] soccer every day.

그는 매일 축구를 한다.

He [play / plays] soccer every day.

2 그는 밤에 공부한다.

He [study / studies] at night.

우리는 밤에 공부한다.

We [study / studies] at night.

3 우리는 햇빛을 즐긴다.

We [enjoy / enjoys] the sunlight.

그는 햇빛을 즐긴다.

He [enjoy / enjoys] the sunlight.

4 그녀는 혼자 운다.

She [cry / cries] alone.

그는 많이 운다.

He [cry / cries] a lot.

5 그는 장난감을 산다.

He [buy / buys] toys.

그는 장난감을 갖고 있다.

He [has / have] toys.

6 그것은 높이 난다.

It [flys / flies] high.

그것은 문을 민다.

It [pushs / pushes] the door.

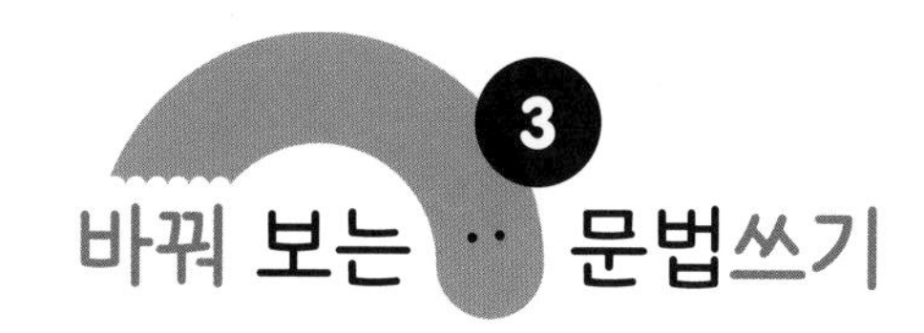

주어에 맞게 일반동사를 고쳐 문장을 다시 쓰세요.

I do the dishes.

··· He does the dishes.

1 We buy bread.

··· She ______________________.

2 She studies math.

··· I ______________________.

3 We have a dog.

··· He ______________________.

4 I wash the car.

··· She ______________________.

5 They fly high.

··· It ______________________.

6 I play the piano.

··· They ______________________.

일반동사 공식 ② 누적복습

STEP 1 단어 확인하기

01	enjoy	☐ 보다	☑ 즐기다
02	study	☐ 하다	☐ 공부하다
03	push	☐ 밀다	☐ 가르치다
04	fly	☐ 사다	☐ 날다
05	start	☐ 시작하다	☐ 해보다
06	fix	☐ 팔다	☐ 고치다
07	cry	☐ 울다	☐ 웃다

단어 따라쓰기

enjoy

STEP 2 문장으로 보는 일반동사 우리말에 맞게 써보세요.

(A) I 동사 ~

01 나는 책을 읽는다. ···› ________________ a book.

02 나는 학교에 간다. ···› ________________ to school.

(B) We / You / They 동사 ~

01 그들은 문을 민다. ···› ________________ the door.

02 우리는 개가 있다. ···› ________________ a dog.

(C) He / She 동사 ~

01 그는 많이 운다. ···› ________________ a lot.

02 그녀는 밤에 공부한다. ···› ________________ at night.

STEP 3 일반동사 point로 문장 쓰기

01 play

I ____play soccer____ at 8. 나는 8시에 축구를 한다.

He ____________ at 8. 그는 8시에 축구를 한다.

02 have

____________ a dog. 그녀는 개가 있다.

____________ a dog. 그들은 개가 있다.

03 study

____________ at home. 그는 집에서 공부한다.

____________ at home. 그녀는 집에서 공부한다.

04 fly

____________ high. 그것들은 높이 난다.

____________ fast. 그것은 빠르게 난다.

05 buy

____________ toys online.
그들은 온라인으로 장난감을 산다.

____________ toys online.
그는 온라인으로 장난감을 산다.

06 enjoy

____________ 그들은 햇빛을 즐긴다.

____________ 그것은 햇빛을 즐긴다.

Day 19.20.21

스스로 저절로 됩니다!

일반동사의 부정문

I do not like vegetables.

DAY 19

● 오늘 내 점수는? ☆☆☆☆☆

본문 pp.70~71

● 이런 걸 공부했어요.

배운 내용을 써요!

DAY 20

● 오늘 내 점수는? ☆☆☆☆☆

본문 pp.72~73

● 이런 걸 공부했어요.

DAY 21

● 오늘 내 점수는? ☆☆☆☆☆

본문 pp.74~75

● 이런 걸 공부했어요.

know
☑ 알다 ☐ 먹다

a lot
☐ 적게 ☐ 많이

rain
☐ 눈이 오다 ☐ 비가 오다

live
☐ 살다 ☐ 떠나다

winter
☐ 여름 ☐ 겨울

in the city
☐ 시골에 ☐ 도시에

정답 알다 · 비가 오다 · 겨울 · 많이 · 살다 · 도시에

---

dinner
☐ 점심 ☐ 저녁

snow
☐ 눈이 오다 ☐ 비가 오다

walk to school
☐ 학교에 가다 ☐ 학교에 걸어가다

after school
☐ 방과후에 ☐ 수업 중에

breakfast
☐ 아침 식사 ☐ 점심 식사

have dinner
☐ 저녁을 먹다 ☐ 저녁을 요리하다

정답 저녁 · 학교에 걸어가다 · 아침 식사 · 눈이 오다 · 방과후에 · 저녁을 먹다

---

cook dinner
☐ 저녁을 요리하다 ☐ 아침을 요리하다

watch TV
☐ 보다 ☐ TV를 보다

snow a lot
☐ 눈이 조금 오다 ☐ 눈이 많이 오다

like snack
☐ 간식 ☐ 간식을 좋아하다

in the sea
☐ 바다 ☐ 바다에

on Monday
☐ 월요일 ☐ 월요일에

정답 저녁을 요리하다 · 눈이 많이 오다 · 바다에 · TV를 보다 · 간식을 좋아하다 · 월요일에

03 일반동사의 부정문

일반동사의 부정문은 〈**do/does+not**〉으로 써요.

I	watch	TV.

↓

I	do not watch	TV.

나는 TV를 보지 않는다.

1 **일반동사의 부정문**은 '~하지 않는다'는 의미로 주어에 따라 동사 앞에 **do not** 또는 **does not**을 써요.

주어	부정	예문
I, You, We, They	do not	I do not play the piano. = I don't* play the piano. 나는 피아노를 치지 않는다.
He, She, It	does not	He does not play soccer. = He doesn't* play soccer. 그는 축구를 하지 않는다.

* do not → don't, does not → doesn't로 줄여서 쓸 수 있어요.

2 **일반동사의 부정문**에서 주어가 **he, she, it**일 때 **does not** 다음에 동사를 그대로 써요.

He | cries | at night. 그는 밤에 운다.

↓

He | **does not (cry / ~~cries~~)** | at night. 그는 밤에 울지 않는다.

She | studies | in the library. 그녀는 도서관에서 공부한다.

↓

She | **does not (study / ~~studies~~)** | in the library. 그녀는 도서관에서 공부하지 않는다.

↳ does not 다음에는 studies가 아닌 동사 그대로 study를 써야 해요.

QUIZ O/X로 표시

He doesn't sing. O / X

He doesn't sings. O / X

정답 O, X

고르면 바로 아는 문법

알맞은 일반동사의 부정형을 골라 보세요.

STEP 1 일반동사의 부정문 ❶

I **do not** swim.

1 I ________ cook ramen. ☑ do not ☐ does not

2 It ________ rain. ☐ do not ☐ does not

3 They ________ do their homework. ☐ do not ☐ does not

4 He ________ live in the city. ☐ do not ☐ does not

5 She ________ play soccer. ☐ do not ☐ does not

알맞은 일반동사의 부정형을 골라 보세요.

STEP 2 일반동사의 부정문 ❷

He **does not have** toys.

1 He ________ many books. ☐ doesn't has ☑ doesn't have

2 She ________ Janet. ☐ doesn't know ☐ doesn't knows

3 They ________ math. ☐ don't study ☐ doesn't study

4 He ________ snack. ☐ doesn't like ☐ doesn't likes

5 We ________ to school. ☐ don't walk ☐ doesn't walk

2 문장으로 누적연습

일반동사의 부정문으로 고친 후 우리말을 쓰세요.

일반동사의 부정문 쓰기

I like him. ··· I *do not like* him.

나는 그를 좋아한다. ··· 나는 그를 좋아하지 않는다.

❶ <do/does+not> 일반동사의 부정문

❷ **부정문: ~하지 않는다**

1 I cook dinner. ···

나는 저녁을 요리한다.

2 He walks to school. ···

그는 학교에 걸어간다.

3 We have breakfast. ···

우리는 아침을 먹는다.

4 She goes shopping. ···

그녀는 쇼핑하러 간다.

5 It snows a lot in winter. ···

겨울에 눈이 많이 온다.

6 She plays soccer after school. ···

그녀는 방과후에 축구를 한다.

우리말에 맞게 주어진 단어로 쓰세요.

I eat gimbap for lunch.

···› I don't eat gimbap for lunch. 나는 점심으로 김밥을 먹지 않는다.

→ 일반동사의 부정문으로 써요.

1 그들은 바다에서 수영한다. (in the sea)

They swim in the sea.

그들은 바다에서 수영하지 않는다.

They ______________________.

2 그는 8시에 TV를 본다. (TV)

He ______________________ at 8.

그는 8시에 TV를 보지 않는다.

____

3 그녀는 방과후에 집에 걸어간다. (home)

She ______________________ after school.

그녀는 방과후에 집에 걸어가지 않는다.

______________________ after school.

4 그는 6시에 저녁을 먹는다. (dinner)

He ______________________ at 6.

그는 6시에 저녁을 먹지 않는다.

____

5 우리는 서로를 안다. (each other)

We ______________________.

우리는 서로를 알지 못한다.

____

일반동사의 부정문 누적복습

STEP 1 단어 확인하기 / 단어 따라쓰기

01	cook	☑ 요리하다	□ 무용하다	cook
02	rain	□ 비가 오다	□ 눈이 오다	
03	snow	□ 비가 오다	□ 눈이 오다	
04	go shopping	□ 가다	□ 쇼핑하러 가다	
05	know	□ 알다	□ 수영하다	
06	after school	□ 수업 중에	□ 방과후에	
07	each other	□ 우리	□ 서로	

STEP 2 문장으로 보는 일반동사의 부정문 우리말에 맞게 써보세요.

(A) I do not ~

01 나는 점심을 요리하지 않는다. ⋯› ____________ lunch.

02 나는 학교에 걸어가지 않는다. ⋯› ____________ to school.

(B) We / You / They do not ~

01 우리는 서로를 알지 못한다. ⋯› ____________ each other.

02 그들은 쇼핑하러 가지 않는다. ⋯› ____________

(C) He / She does not ~

01 그는 바다에서 수영하지 않는다. ⋯› ____________ in the sea.

02 그녀는 8시에 TV를 보지 않는다. ⋯› ____________ at 8.

STEP **3** 일반동사의 부정문 point로 문장 쓰기

01 **like**

I ______ like snack ______. 나는 간식을 좋아한다.

He ____________________. 그는 간식을 좋아하지 않는다.

02 **have**

____________________ 우리는 아침을 먹는다.

____________________ 그들은 아침을 먹지 않는다.

03 **live**

______________ in the city. 그는 도시에 산다.

______________ in the city. 그녀는 도시에 살지 않는다.

04 **play**

____________________ 나는 축구를 한다.

____________________ 우리는 축구를 하지 않는다.

05 **walk**

____________________ 그들은 학교에 걸어간다.

____________________ 그녀는 학교에 걸어가지 않는다.

06 **go shopping**

____________________ on Monday.
그는 월요일에 쇼핑하러 간다.

____________________ on Monday.
그들은 월요일에 쇼핑하러 가지 않는다.

Day 22.23.24

스스로 저절로 됩니다!

일반동사의 의문문

Do you have bread?

DAY 22

● 오늘 내 점수는? ☆☆☆☆☆

본문 pp.78~79

● 이런 걸 공부했어요.

배운 내용을 써요!

DAY 23

● 오늘 내 점수는? ☆☆☆☆☆

본문 pp.80~81

● 이런 걸 공부했어요.

DAY 24

● 오늘 내 점수는? ☆☆☆☆☆

본문 pp.82~83

● 이런 걸 공부했어요.

go fishing
☑ 낚시하러 가다 ☐ 사냥하러 가다

map
☐ 영화 ☐ 지도

need
☐ 필요하다 ☐ 가지다

each other
☐ 서로 ☐ 모두

have a class
☐ 교실에 있다 ☐ 수업이 있다

have lunch
☐ 점심을 요리하다 ☐ 점심을 먹다

정답 낚시하러 가다 · 지도 · 필요하다 · 서로 · 수업이 있다 · 점심을 먹다

jump rope
☐ 점프하다 ☐ 줄넘기하다

vegetable
☐ 과일 ☐ 채소

fast
☐ 느리게 ☐ 빠르게

in the morning
☐ 아침에 ☐ 저녁에

bicycle
☐ 자동차 ☐ 자전거

run
☐ 점프하다 ☐ 달리다

정답 줄넘기하다 · 채소 · 빠르게 · 아침에 · 자전거 · 달리다

play computer games
☐ 컴퓨터 게임 ☐ 컴퓨터 게임을 하다

need a map
☐ 지도가 있다 ☐ 지도가 필요하다

walk fast
☐ 느리게 걷다 ☐ 빠르게 걷다

have many friends
☐ 친구가 적다 ☐ 친구가 많다

sing a song
☐ 노래하다 ☐ 춤을 추다

run fast
☐ 빠르게 달리다 ☐ 빠르게 날다

정답 컴퓨터 게임을 하다 · 지도가 필요하다 · 빠르게 걷다 · 친구가 많다 · 노래하다 · 빠르게 달리다

04 일반동사의 의문문

일반동사의 의문문은 문장 앞에 **Do, Does**를 쓰고 물음표를 붙여요.

They like cookies.

↓

Do **they like** cookies?

그들은 쿠키를 좋아하니?

1 일반동사의 의문문은 문장 앞에 Do, Does를 쓰고 문장 뒤에는 물음표를 붙여요.

1 I, you, we, they가 주어일 때

They swim in the sea. 그들은 바다에서 수영한다.

↓

Do **they swim** in the sea? 그들은 바다에서 수영하니?

2 he, she, it이 주어일 때

She has the key. 그녀는 열쇠를 가지고 있다.

↓

Does **she have** the key? 그녀는 열쇠를 가지고 있니?

> 주어가 he, she, it일 때 동사는 원래 모양대로 써야 해요.
> Does she has (x)
> Does she have (0)

2 일반동사 의문문의 답은 〈Yes, 주어+do/does.〉, 〈No, 주어+don't / doesn't.〉로 써요.

의문문	Yes, 주어+do/does. (응, 그래.)	No, 주어+don't/doesn't. (아니, 그렇지 않아.)
Do you have breakfast? 너는 아침을 먹니?	Yes, I do.	No, I don't.*
Do we have a class? Do they have a class? 우리는(그들은) 수업이 있니?	Yes, you do. Yes, they do.	No, you don't.* No, they don't.
Does he have lunch? Does she have lunch? 그는(그녀는) 점심을 먹니?	Yes, he does. Yes, she does.	No, he doesn't.* No, she doesn't.

*you로 물으면 I, we(나, 우리)로 답해요.

> 부정문으로 답할 때 don't, doesn't로 줄여서 말해요.

고르면 바로 아는 문법

주어에 어울리는 알맞은 말을 골라 보세요.

STEP 1 일반동사의 의문문

Do you have a dog?

1 ____________ **go fishing?** ☑ Do you ☐ Does you

2 ____________ **like vegetables?** ☐ Do he ☐ Does he

3 ____________ **need a map?** ☐ Do they ☐ Does they

4 ____________ **have a class?** ☐ Do we ☐ Does we

5 ____________ **play soccer?** ☐ Do she ☐ Does she

의문문에 맞는 답을 골라 보세요.

STEP 2 일반동사 의문문의 대답

Do you have a dog? **Yes, I do.**

1 **Do you walk to school?** ☑ Yes, I do. ☐ Yes, I does.

2 **Does she do the dishes?** ☐ No, she don't. ☐ No, she doesn't.

3 **Does he have breakfast?** ☐ Yes, he do. ☐ Yes, he does.

4 **Do they know each other?** ☐ No, they don't. ☐ No, they doesn't

5 **Does she like milk?** ☐ No, she don't. ☐ No, she doesn't.

문장으로 누적연습

다음 문장을 의문문으로 고친 후 대답을 쓰세요.

일반동사의 의문문 쓰기

He has a class today. ···› *Does he have a class today?* ❶ 일반동사의 의문문

그는 오늘 수업이 있다. ···› *Yes, he does.*

❷ 의문문 대답:
Yes, 주어+do[does]. /
No, 주어+don't[doesn't].

1 They play computer games. ···› ______

그들은 컴퓨터 게임을 한다. Yes, ______.

2 He jumps rope in the morning.···› ______

그는 아침에 줄넘기를 한다. No, ______.

3 You need a car. ···› ______

너는 차가 필요하다. Yes, ______.

4 She sings a song. ···› ______

그녀는 노래를 한다. Yes, ______.

5 They have many friends. ···› ______

그들은 많은 친구가 있다. No, ______.

6 It runs fast. ···› ______

그것은 빨리 달린다. Yes, ______.

배열해 보는 문법쓰기

의미에 맞게 주어진 단어를 배열해 쓰세요.

너는 개를 좋아하니? [like a dog, do, you]

··· Do you like a dog?

1 그는 너를 아니? [know you, does, he]

···

2 그것은 바다에서 수영하니? [does, swim, it, in the sea]

···

3 그는 친구가 많니? [have, does, he, many friends]

···

4 그들은 수업이 있니? [they, do, have a class]

···

5 그는 줄넘기를 하니? [he, jump rope, does]

···

6 그녀는 빨리 걷니? [walk fast, she, does]

···

일반동사의 의문문 누적복습

STEP 1 단어 확인하기

				단어 따라쓰기
01	each other	☑ 서로	□ 모두	each other
02	snack	□ 밥	□ 간식	
03	map	□ 지도	□ 건물	
04	vegetable	□ 과일	□ 채소	
05	morning	□ 아침	□ 오후	in the *
06	jump rope	□ 줄넘기하다	□ 달리다	
07	fast	□ 빠르게	□ 느리게	run *

*아침에 / 빠르게 달리다

STEP 2 문장으로 보는 일반동사의 의문문 우리말에 맞게 써보세요.

(A) Do you ~?

01 너는 간식을 좋아하니? ⋯→ ______________________ snack?

02 너는 수업이 있니? ⋯→ ______________________ a class?

(B) Do they ~?

01 그들은 지도가 필요하니? ⋯→ ______________________

02 그들은 채소를 좋아하니? ⋯→ ______________________

(C) Does he / she / it ~?

01 그는 빨리 달리니? ⋯→ ______________________

02 그녀는 줄넘기를 하니? ⋯→ ______________________

STEP 3 일반동사의 의문문 point로 문장 쓰기

01 know

Do you know me? 너는 나를 아니?

__________ 그는 나를 아니?

02 have

__________ many friends? 그는 친구가 많아?

__________ many friends? 그들은 친구가 많아?

03 jump rope

__________ in the morning?
그는 아침에 줄넘기를 하니?

__________ in the morning?
그녀는 아침에 줄넘기를 하니?

04 run fast

__________ 너는 빨리 달리니?

__________ 그녀는 빨리 달리니?

05 sing a song

__________ 그들은 노래를 하니?

__________ 너희들은 노래를 하니?

06 need

__________ a map? 그는 지도가 필요하니?

__________ a map? 너희들은 지도가 필요하니?

Day 25.26.27

스스로 저절로 됩니다!

be동사와 일반동사의 구별

I am a singer.
I sing a song.

DAY 25

● 오늘 내 점수는? ☆☆☆☆☆

본문 pp.86~87

● 이런 걸 공부했어요.

배운 내용을 써요!

DAY 26

● 오늘 내 점수는? ☆☆☆☆☆

본문 pp.88~89

● 이런 걸 공부했어요.

DAY 27

● 오늘 내 점수는? ☆☆☆☆☆

본문 pp.90~91

● 이런 걸 공부했어요.

dance
☑ 춤추다 ☐ 노래하다

in the box
☐ 상자 ☐ 상자 안에

smart
☐ 성실한 ☐ 똑똑한

tall
☐ (키가) 작은 ☐ (키가) 큰

look
☐ 느끼다 ☐ 보이다

alone
☐ 같이 ☐ 혼자

정답 춤추다 · 똑똑한 · 보이다 · 상자 안에 · (키가) 큰 · 혼자

---

work
☐ 일하다 ☐ 달리다

at night
☐ 낮에 ☐ 밤에

meet
☐ 만나다 ☐ 헤어지다

fruit
☐ 채소 ☐ 과일

free
☐ 바쁜 ☐ 한가한

every day
☐ 매일 ☐ 모두

정답 일하다 · 만나다 · 한가한 · 밤에 · 과일 · 매일

---

meal
☐ 음식 ☐ 고기

math
☐ 수학 ☐ 과학

smell
☐ 맛을 보다 ☐ 냄새가 나다

child
☐ 어른 ☐ 아이

smell bad
☐ 좋은 냄새가 나다 ☐ 나쁜 냄새가 나다

look happy
☐ 행복하게 느끼다 ☐ 행복해 보이다

정답 음식 · 냄새가 나다 · 나쁜 냄새가 나다 · 수학 · 아이 · 행복해 보이다

05 be동사와 일반동사의 구별

*be동사*와 **일반동사**는 문장의 의미 차이로 구별해야 해요.

I	**am**	a dancer.

나는 무용수이다.

I	**dance**	very well.

나는 춤을 아주 잘 춘다.

1 *be동사 am, are, is*는 '~이다, 있다'의 의미일 때 써요.

의미	예문	의미
이다(~다)	I am a soccer player.	나는 축구선수이다.
	He is smart.	그는 똑똑하다.
있다	We are in the library.	우리는 도서관에 있다.
	It is in the box.	그것은 상자 안에 있다.

★ '똑똑한, 행복한' 같은 형용사는 be동사 뒤에 오면 '똑똑하다, 행복하다'가 돼요.

be동사+형용사 ((~하)다)

I'm **happy**. 나는 행복하다.

2 **일반동사**는 움직임, 상태, 느낌을 나타내는 단어의 뜻에 따라 써요.

일반동사	예문	
go(가다), **walk**(걷다), **run**(달리다), **wash**(씻다)	He washes his hands.	그는 손을 씻는다.
love(사랑하다), **like**(좋아하다), **live**(살다)	She lives in London.	그녀는 런던에 산다.
feel(느끼다), **look**(보이다), **smell**(냄새가 나다)	You look happy.	너는 행복해 보인다.

- She ~~is~~ / **studies** math.
  그녀는 수학을 공부한다.
- He **is** / ~~have~~ a police officer.
  그는 경찰관이다.

고르면 1 바로 아는 문법

be동사와 일반동사 중 알맞은 것을 골라 보세요.

STEP 1 be동사 / 일반동사 ❶

He | is / ~~likes~~ | smart.

1 It __________ milk. ☑ is ☐ drinks
그것은 우유다.

2 It __________ milk. ☐ is ☐ drinks
그것은 우유를 마신다.

3 We __________ in the library. ☐ are ☐ study
우리는 도서관에 있다.

4 We __________ in the library. ☐ are ☐ study
우리는 도서관에서 공부한다.

5 It __________ basketball. ☐ is ☐ plays
그것이 농구이다.

6 She __________ basketball. ☐ is ☐ plays
그녀는 농구를 한다.

be동사와 일반동사 중 알맞은 것을 골라 보세요.

STEP 2 be동사 / 일반동사 ❷

I | ~~am~~ / like | toys.

1 I (am / work) a pilot. 조종사다

2 I (am / work) hard. 열심히 일한다

3 He (is / has) a house. 집을 갖고 있다

4 He (is / has) a student. 학생이다

5 She (is / watches) tall. 키가 크다

6 She (is / watches) TV. TV를 본다

7 We (are / play) the piano. 피아노를 연주한다

8 We (are / play) at school. 학교에 있다

문장으로 누적연습

의미에 맞게 알맞은 말을 고르세요.

be동사와 일반동사 비교하기

He (is / makes) cake. ❶ 일반동사 - 만들다

It (is / makes) a rabbit. ❷ be동사 - 이다

→ 의미에 따라 동사를 구별해요.

1 나는 선생님이다.

I [am / walk] a teacher.

나는 매일 학교에 걸어간다.

I [am / walk] to school every day.

2 그는 밤에 일한다.

He [is / works] at night.

그는 밤에 공부한다.

He [is / studies] at night.

3 그것들은 책이다.

They [are / sell] books.

그들은 책을 판다.

They [are / sell] books.

4 그녀는 혼자 있다.

She [is / cooks] alone.

그녀는 혼자 요리한다.

She [is / cooks] alone.

5 그들은 축구선수를 만난다.

They [are / meet] soccer players.

그들은 축구선수이다.

They [are / buy] soccer players.

6 그것은 물에서 논다.

It [is / plays] in water.

그것은 물에 산다.

It [is / lives] in water.

3 주어진 단어로 문법쓰기

의미에 맞게 주어진 단어를 이용하여 문장을 완성하세요.

나는 숙제를 한다. [I, my homework] → be동사나 일반동사를 써서 문장을 완성하세요.

···› I do my homework.

1 그는 똑똑하다. [he, smart]

···›

2 그녀는 밤에 공부한다. [she, at night]

···›

3 우리는 지도를 가지고 있다. [we, a map]

···›

4 그는 경찰관이다. [he, a police officer]

···›

5 그것은 과일을 먹는다. [it, fruits]

···›

6 그들은 매일 TV를 본다. [they, TV, every day]

···›

be동사와 일반동사의 구별 누적복습

STEP 1 단어 확인하기

01	smart	☑ 똑똑한	☐ 멍청한
02	alone	☐ 혼자	☐ 같이
03	police officer	☐ 경찰관	☐ 선생님
04	fruit	☐ 과일	☐ 채소
05	look	☐ 느끼다	☐ 보이다
06	smell	☐ 보다	☐ 냄새가 나다
07	work	☐ 뛰어가다	☐ 일하다

단어 따라쓰기

smart

STEP 2 문장으로 보는 동사 구별 우리말에 맞게 써보세요.

(A) I | am / do ~

01 나는 설거지를 한다. ⋯▸ ______________________ the dishes.

02 나는 키가 크다. ⋯▸ ______________________ tall.

(B) We / You / They | are / look ~

01 우리는 행복하다. ⋯▸ ______________________ happy.

02 너는 행복해 보인다. ⋯▸ ______________________ happy.

(C) He / She | is / live ~

01 그는 똑똑하다. ⋯▸ ______________________ smart.

02 그녀는 혼자 산다. ⋯▸ ______________________ alone.

STEP 3 **동사 구별 point로** 문장 쓰기

01 a doctor

I ___need a doctor___. 나는 의사가 필요하다.

He ______________. 그는 의사이다.

02 at home

______________ 그녀는 집에 있다.

______________ 그녀는 집에서 일한다.

03 bad

______________ 그것은 나쁘다.

______________ 그것은 나쁜 냄새가 난다.

04 soccer players

______________ 우리는 축구선수이다.

______________ 우리는 축구선수를 만난다.

05 smart

______________ 그들은 똑똑하다.

______________ 그들은 똑똑해 보인다.

06 a child

______________ 그는 아이가 있다.

______________ 그는 아이다.

2교시

초등학교 영어 기초 TEST

일반동사

( )초등학교 ( )학년 ( )반 ( )번 이름( )

1 다음 그림을 보고, 주어진 동사를 이용하여 빈칸에 알맞은 말을 쓰세요.

❶

(A) (B)

(go)

(A) I ______________ to school on Sunday.

(B) I ______________ to school on Monday.

❷

(A) (B)

(like)

(A) She ______________ chocolate.

(B) He ______________ chocolate.

❸

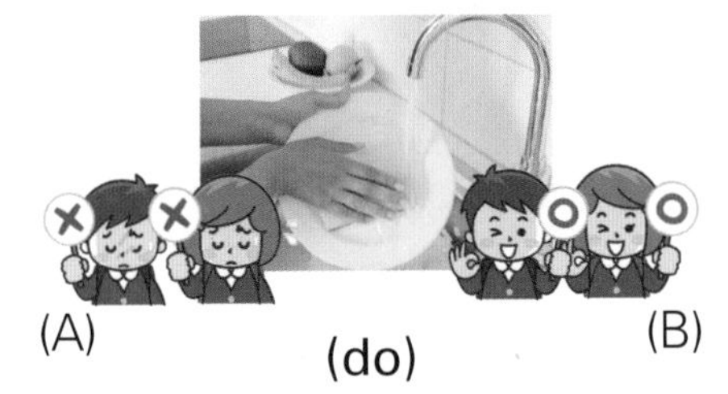

(A) (B)

(do)

(A) They ______________ the dishes.

(B) They ______________ the dishes.

❹

(A) (B)

(eat)

(A) She ______________ hamburgers.

(B) He ______________ hamburgers.

❺

(A) (B)

(study)

(A) We ______________ math.

(B) We ______________ math.

2 다음 보기의 동사와 주어진 말을 이용하여 문장을 쓰세요.

do cook play have

1. 그는 일요일마다 저녁을 요리한다. (dinner)

→ ______________________ on Sunday.

2. 그녀는 매일 축구를 한다. (soccer)

→ ______________________ every day.

3. 그들은 저녁에 숙제를 한다. (their homework)

→ ______________________ in the evening.

4. 나는 남동생과 여동생이 있다. (a brother and a sister)

→ ______________________

3 다음 그림을 보고, 물음에 답을 Yes나 No로 쓰세요.

1. Do you watch TV at 10?

→ ______________________

2. Does she live in Paris?

→ ______________________

3. Does he walk to school?

→ ______________________

4 다음 표를 보고, 주어진 단어를 이용하여 쓰세요.

❶

	I	Amy	Tom
Monday	English class	math	science class
Tuesday	swimming	soccer	cooking

(1) (have) A ________ you ________ English class on Monday?

B ________, I ________.

(2) (study) A ________ Amy ________ math on Tuesday?

B ________, she ________.

(3) (play) A ________ Tom ________ soccer on Tuesday?

B ________, he ________.

(4) (go) A ________ Tom ________ cooking on Tuesday?

B ________, he ________.

❷

	Leo	Sue	Tim and Min
Monday	Korean	science	math
Tuesday	shopping	piano	homework

(1) (study) A ________ Leo ________ Korean on Monday?

B ________, he ________.

(2) (do) A ________ Sue ________ her homework on Tuesday?

B ________, she ________.

(3) (play) A ________ Tim and Min ________ the piano on Tuesday?

B ________, they ________.

(4) (go) A ________ Leo ________ swimming on Tuesday?

B ________, he ________.

5 다음 문장에서 틀린 부분을 찾아 고쳐 쓰세요.

1. Does you exercise every day? ____________ → ____________
2. They aren't eat hamburgers. ____________ → ____________
3. Do he know me? ____________ → ____________
4. My brother doesn't his homework. ____________ → ____________
4. He like ice cream and chocolate. ____________ → ____________

6 다음 주어진 단어를 이용하여 지시대로 쓰세요.

1. (the violin, he, play)

→ (의문문) ________________________________

(부정문) ________________________________

2. (you, go, every day, to school)

→ (의문문) ________________________________

(부정문) ________________________________

3. (jump, he, rope)

→ (의문문) ________________________________

(부정문) ________________________________

4. (have, on Tuesday, she, many classes)

→ (의문문) ________________________________

(부정문) ________________________________

초등영어 문법부터 해결한다

be동사

UNIT 01 be동사 공식

❶ 고르면 바로 아는 문법

STEP 1　1 am　2 is　3 are　4 is　5 are

해석 1 나는 선생님이다. 2 그녀는 공원에 있다. 3 그들은 내 친구들이다. 4 그는 가수이다. 5 우리는 반 친구이다.

STEP 2　1 I am　2 They are　3 It is　4 She is　5 He is

해석 1 나는 의사이다. 2 그것들은 개미들이다. 3 그것은 개구리이다. 4 그녀는 학교에 있다. 5 그는 내 남동생이다.

❷ 문장으로 누적연습

1 am / are　2 He / She　3 are / are
4 is / are　5 They / You　6 is / are

❸ 바꿔 보는 문법쓰기

1 She is a student.　2 They are my classmates.　3 They are on my team.
4 He is at the mall.　5 They are twins.　6 He is a doctor.

해석 1 그녀는 학생이다. 2 그들은 내 반 친구들이다. 3 그들은 우리 팀이다. 4 그는 쇼핑 센터에 있다. 5 그들은 쌍둥이다. 6 그는 의사이다.

be동사 공식 누적복습

STEP 1　01 남동생　02 친구　03 작가　04 공원　05 반 친구　06 개구리　07 쇼핑 센터

STEP 2
(A) 01 I am　02 I am
(B) 01 We are　02 You are
(C) 01 It is　02 He is

STEP 3
01 am a doctor / is a doctor
02 We are soccer players. / They are soccer players.
03 He is at home. / She is at home.
04 I am a writer. / You are a writer.
05 They are at the mall. / He is at the mall.
06 He is in the park. / It is in the park.

UNIT 02 be동사의 의미

❶ 고르면 바로 아는 문법

STEP 1
1 나는 축구선수이다.
2 그녀는 선생님이다.
3 그들은 학교에 있다.
4 너는 내 친구이다.
5 그는 런던에 있다.
6 우리는 방에 있다.

STEP 2
1 at the mall
2 on the soccer team
3 in the park
4 classmates
5 my dog

❷ 문장으로 누적연습

1 에 있다 / 이다
2 에 있다 / 이다
3 이다 / 이다
4 에 있다 / 에 있다
5 이다 / 에 있다
6 이다 / 에 있다

❸ 배열해 보는 문법쓰기

1 We are on the soccer team.
2 It is a desk.
3 He is in the library.
4 You are in the second grade.
5 They are classmates.
6 She is at the mall.

be동사의 의미 누적복습

STEP 1 01 축구팀 02 학년 03 1학년 04 2학년 05 축구선수 06 도서관 07 책상

STEP 2 (A) 01 I am a soccer player. 02 I am on the soccer team.

(B) 01 We are in the first grade. 02 They are in the library.

(C) 01 It is a desk. 02 He is in the second grade.

STEP 3 01 am at school / is a school

02 We are in the classroom. / It is a classroom.

03 It is a library. / She is in the library.

04 I am in the first grade. / You are in the second grade.

05 He is a soccer player. / She is a soccer player.

06 It is a desk. / It is on the desk.

UNIT 03 be동사의 부정문

❶ 고르면 바로 아는 문법

STEP 1 **1** am not **2** is not **3** are not **4** is not **5** are not

해석 **1** 나는 요리사가 아니다. **2** 그녀는 공원에 없다. **3** 그들은 친구가 아니다. **4** 그는 복도에 없다. **5** 우리는 반 친구가 아니다.

STEP 2 **1** 아니다 **2** 없다 **3** 없다 **4** 없다 **5** 아니다

해석 **1** 나는 작가가 아니다. **2** 그는 방에 없다. **3** 그것은 거실에 없다. **4** 우리는 학교에 없다. **5** 그들은 가족이 아니다.

❷ 문장으로 누적연습

1 I am not a cook. / 나는 요리사가 아니다.

2 He is not in the kitchen. / 그는 부엌에 없다.

3 We are not family. / 우리는 가족이 아니다.

4 She is not my mom. / 그녀는 나의 엄마가 아니다.

5 They are not on my team. / 그들은 우리 팀에 없다(우리 팀이 아니다).

6 It is not in France. / 그것은 프랑스에 없다.

3 바꿔 보는 문법쓰기

1 are on the chair / are not on the chair

2 is in the living room / He is not in the living room.

3 is a soccer player / She is not a soccer player.

4 is in the first grade / He is not in the first grade.

5 are firefighters / We are not firefighters.

be동사의 부정문 누적복습

STEP 1 01 간호사 02 나무 03 조종사 04 부엌 05 가족 06 의자 07 거실

STEP 2
(A) 01 I am not a pilot 02 I am not in the kitchen.
(B) 01 We are not family. 02 They are not under the tree.
(C) 01 It is not a chair. 02 He is not in the living room.

STEP 3
01 am a doctor / is not a doctor
02 We are classmates. / They are not classmates.
03 He is in the library. / She is not in the library.
04 I am a writer. / You are not a writer.
05 They are in the kitchen. / We are not in the kitchen.
06 He is my family. / They are not my family.

UNIT 04 be동사의 의문문

❶ 고르면 바로 아는 문법

STEP 1 1 Are you 2 Is he 3 Are they 4 Are we 5 Is she

해석 1 너는 화가이니? 2 그는 공항에 있니? 3 그들은 좋은 친구이니? 4 우리는 욕실에 있니? 5 그녀는 수영선수이니?

STEP 2 1 Yes, I am. 2 No, they aren't. 3 No, it isn't. 4 No, she isn't. 5 Yes, he is.

해석 1 너는 우리 반이니? 2 그들은 가족이니? 3 그것은 풀밭에 있니? 4 그녀는 버스 정류장에 있니? 5 그는 기자이니?

❷ 문장으로 누적연습

1 Are they good players? / 그들은 훌륭한 선수들이니?
2 Is he in the grass? / 그는 풀밭에 있니?
3 Are you firefighters? / 너희들은 소방관이니?
4 Is she a reporter? / 그녀는 기자이니?
5 Are they on my team? / 우리 팀에 있니(우리 팀이니)?
6 Is it a rabbit? / 그것은 토끼이니?

❸ 배열해 보는 문법쓰기

1 Are you on the soccer team? 2 Is it a desk?
3 Is he in the library? 4 Are you on the second floor?
5 Are they classmates? 6 Is she at the mall?

be동사의 의문문 누적복습

STEP 1 01 소방관 02 요리사 03 (몇) 층 04 수영선수 05 풀 06 욕실 07 기자

STEP 2 (A) 01 Are you a chef[cook]? 02 Are you in the bathroom?
(B) 01 Are they firefighters? 02 Are they on the first floor?

(C) 01 Is he a reporter? 02 Is she in the grass?

STEP 3 01 Are you a good player? / Is he a good player?

02 Are we on the second floor? / Are they on the second floor?

03 Are you a reporter? / Is she a reporter?

04 Are they firefighters? / Are you firefighters?

05 Is it in the grass? / Are they in the grass?

06 Is he at the bus stop? / Is she at the bus stop?

초등학교 영어 기초 TEST | be동사

1 ❶ I am ❷ He is / He is ❸ He is / She is / They are ❹ They are / We are ❺ They are / They are

2 ❶ 이다 ❷ 있다 ❸ 이다 ❹ 있다 ❺ 이다 ❻ 있다

해석 ❶ 그는 선생님이다. ❷ 그녀는 도서관에 있다. ❸ 우리는 10살이다. ❹ 그와 나는 같은 팀에 있다(같은 팀이다). ❺ 그들은 내 반 친구이다. ❻ 그것은 상자 안에 있다.

3 ❶ Yes, I am. ❶ No, I'm not. ❸ No, she isn't. ❹ Yes, he is.

해석 ❶ 너는 소방관이니? ❷ 너는 2학년이니? ❸ 그녀는 선생님이니? ❹ 그는 그의 방에 있니?

4 ❶ A: Is Kate a teacher?

B: No, she isn't. She is a student.

A: Is she 10 years old?

B: Yes, she is.

A: Is she in the second grade?

B: No, she isn't. She is in the third grade.

❷ A: Is Jake a student?

B: Yes, he is.

A: Is he 10 years old?

B: No, he isn't. He is 11 years old.

A: Is he in the fourth grade?

B: Yes, he is.

해석 ❶ A: Kate는 선생님이니?
B: 아니야. 그녀는 학생이야.
A: 그녀는 10살이니?
B: 맞아.
A: 그녀는 2학년이니?
B: 아니야. 그녀는 3학년이야.

❷ A: Jake는 학생이니?
B: 맞아.
A: 그는 10살이야?
B: 아니야. 그는 11살이야.
A: 그는 4학년이니?
B: 맞아.

5 ❶ She is not a singer. ❷ Is he a scientist? ❸ They are not in the library.
❹ They are basketball players. They are not soccer players.

6 ❶ Is he a singer? ❷ I am his brother. ❸ We are not friends.
❹ They are not on my team. ❺ Is she a firefighter? ❻ It is in the box.

해석 ❶ 그는 가수이니? ❷ 나는 그의 남동생이야. ❸ 우리는 친구가 아니야. ❹ 그들은 우리 팀에 없다(우리 팀이 아니야). ❺ 그녀는 소방관이니? ❻ 그것은 상자 안에 있다.

일반동사

UNIT 01 일반동사 공식 ①

❶ 고르면 바로 아는 문법

STEP 1
1 walk 2 feels 3 like 4 sings 5 draw
6 read 7 drinks 8 dances 9 buys 10 eats

STEP 2
1 loves 2 see 3 makes 4 do 5 watches
6 moves 7 swim 8 play 9 goes 10 pushes

❷ 문장으로 누적연습

1 go / goes 2 learns / learn 3 sell / sells
4 does / washes 5 walks / runs 6 swims / drinks

❸ 고쳐 보는 문법쓰기

1 It moves at night. 2 She watches TV at 9. 3 We like a dog.
4 He teaches English. 5 She washes her hands. 6 They go to school at 8.

해석 **1** 그것은 밤에 움직인다. **2** 그녀는 9시에 TV를 본다. **3** 우리는 개를 좋아한다. **4** 그는 영어를 가르친다. **5** 그녀는 손을 씻는다. **6** 그들은 8시에 학교에 간다.

일반동사 공식 ① 누적복습

STEP 1 01 보다 02 움직이다 03 씻다 04 그리다 05 배우다 06 밀다 07 팔다

STEP 2
(A) 01 I do 02 I do
(B) 01 We do 02 You do
(C) 01 He does 02 She does

STEP 3
01 go to school / goes to school 02 They watch / He watches
03 He walks / She walks 04 I do / We do

05 She draws / They draw
06 They like / It likes

UNIT 02 일반동사 공식 ②

❶ 고르면 바로 아는 문법

STEP 1
1 take 2 touches 3 watch 4 starts 5 teaches
6 wash 7 goes 8 does 9 buy 10 talks

STEP 2
1 rides 2 play 3 tries 4 say 5 flies
6 studies 7 enjoys 8 has

❷ 문장으로 누적연습

1 play / plays
2 studies / study
3 enjoy / enjoys
4 cries / cries
5 buys / has
6 flies / pushes

❸ 바꿔 보는 문법쓰기

1 She buys bread.
2 I study math.
3 He has a dog.
4 She washes the car.
5 It flies high.
6 They play the piano.

해석 **1** 그녀는 빵을 산다. **2** 나는 수학을 공부한다. **3** 그는 개가 있다. **4** 그녀는 세차를 한다. **5** 그것은 높이 난다. **6** 그들은 피아노를 친다.

일반동사 공식 ② 누적복습

STEP 1 01 즐기다 02 공부하다 03 밀다 04 날다 05 시작하다 06 고치다 07 울다

STEP 2 (A) 01 I read 02 I go
(B) 01 They push 02 We have
(C) 01 He cries 02 She studies

STEP 3 01 play soccer / plays soccer 02 She has / They have
03 He studies / She studies 04 They fly / It flies
05 They buy / He buys
06 They enjoy the sunlight. / It enjoys the sunlight.

UNIT 03 일반동사의 부정문

❶ 고르면 바로 아는 문법

STEP 1 1 do not 2 does not 3 do not 4 does not 5 does not

해석 1 나는 라면을 요리하지 않는다. 2 비가 오지 않는다. 3 그들은 숙제를 하지 않는다. 4 그는 도시에 살지 않는다. 5 그녀는 축구를 하지 않는다.

STEP 2 1 doesn't have 2 doesn't know
3 don't study 4 doesn't like
5 don't walk

해석 1 그는 책이 많지 않다. 2 그녀는 Janet을 모른다. 3 그들은 수학을 공부하지 않는다. 4 그는 간식을 좋아하지 않는다. 5 우리는 학교에 걸어가지 않는다.

❷ 문장으로 누적연습

1 I do not[don't] cook dinner. / 나는 저녁을 요리하지 않는다.
2 He does not[doesn't] walk to school. / 그는 학교에 걸어가지 않는다.
3 We do not[don't] have breakfast. / 우리는 아침을 먹지 않는다.
4 She does not[doesn't] go shopping. / 그녀는 쇼핑하러 가지 않는다.
5 It does not[doesn't] snow a lot in winter. / 겨울에 눈이 많이 오지 않는다.

6 She does not[doesn't] play soccer after school. / 그녀는 방과후에 축구를 하지 않는다.

❸ 바꿔 보는 문법쓰기

1 swim in the sea / do not[don't] swim in the sea
2 watches TV / He does not[doesn't] watch TV at 8.
3 walks home / She does not[doesn't] walk home
4 eats dinner / He does not[doesn't] eat dinner at 6.
5 know each other / We do not[don't] know each other.

일반동사의 부정문 누적복습

STEP 1 01 요리하다 02 비가 오다 03 눈이 오다 04 쇼핑하러 가다 05 알다 06 방과후에 07 서로

STEP 2 (A) 01 I do not[don't] cook 02 I do not[don't] walk
(B) 01 We do not[don't] know 02 They do not[don't] go shopping.
(C) 01 He does not[doesn't] swim 02 She does not[doesn't] watch TV

STEP 3 01 like snack / does not[doesn't] like snack
02 We have breakfast. /They do not[don't] have breakfast.
03 He lives / She does not[doesn't] live
04 I play soccer. / We do not[don't] play soccer.
05 They walk to school. / She does not[doesn't] walk to school.
06 He goes shopping / They do not[don't] go shopping

UNIT 04 일반동사의 의문문

❶ 고르면 바로 아는 문법

STEP 1 1 Do you 2 Does he 3 Do they 4 Do we 5 Does she

해석 **1** 너는 낚시하러 가니? **2** 그는 채소를 좋아하니? **3** 그들은 지도가 필요하니? **4** 우리는 수업이 있니? **5** 그녀는 축구를 하니?

STEP 2 1 Yes, I do. 2 No, she doesn't. 3 Yes, he does.
4 No, they don't. 5 No, she doesn't.

해석 **1** 너는 학교에 걸어가니? **2** 그녀는 설거지를 하니? **3** 그는 아침을 먹니? **4** 그들은 서로를 알고 있니? **5** 그녀는 우유를 좋아하니?

❷ 문장으로 누적연습

1 Do they play computer games? / they do
2 Does he jump rope in the morning? / he doesn't
3 Do you need a car? / I do
4 Does she sing a song? / she does
5 Do they have many friends? / they don't
6 Does it run fast? / it does

해석 **1.** 그들은 컴퓨터 게임을 하니? - 응, 맞아. **2** 그는 아침에 줄넘기를 하니? - 아니, 그렇지 않아. **3** 너는 차가 필요하니? - 응, 맞아. **4** 그녀는 노래를 하니? - 응, 맞아. **5** 그들은 많은 친구가 있니? - 아니, 그렇지 않아. **6** 그것은 빨리 달리니? - 응, 맞아.

❸ 배열해 보는 문법쓰기

1 Does he know you? 2 Does it swim in the sea?
3 Does he have many friends? 4 Do they have a class?
5 Does he jump rope? 6 Does she walk fast?

일반동사의 의문문 누적복습

STEP 1 01 서로 02 간식 03 지도 04 채소 05 아침 06 줄넘기하다 07 빠르게

STEP 2 (A) 01 Do you like 02 Do you have
(B) 01 Do they need a map? 02 Do they like vegetables?
(C) 01 Does he run fast? 02 Does she jump rope?

STEP 3 01 Do you know me? / Does he know me?
02 Does he have / Do they have
03 Does he jump rope / Does she jump rope
04 Do you run fast? / Does she run fast?
05 Do they sing a song? / Do you sing a song?
06 Does he need / Do you need

UNIT 05 be동사와 일반동사의 구별

❶ 고르면 바로 아는 문법

STEP 1 1 is 2 drinks 3 are 4 study 5 is
6 plays

STEP 2 1 am 2 work 3 has 4 is 5 is
6 watches 7 play 8 are

❷ 문장으로 누적연습

1 am / walk 2 works / studies 3 are / sell
4 is / cooks 5 meet / are 6 plays / lives

❸ 주어진 단어로 문법쓰기

1 He is smart. 2 She studies at night. 3 We have a map.
4 He is a police officer. 5 It eats fruits. 6 They watch TV every day.

be동사와 일반동사의 구별 누적복습

STEP 1 01 똑똑한 02 혼자 03 경찰관 04 과일 05 보이다 06 냄새가 나다 07 일하다

STEP 2 (A) 01 I do　02 I am
(B) 01 We are　02 You look
(C) 01 He is　02 She lives

STEP 3 01 need a doctor / is a doctor
02 She is at home. / She works at home.
03 It is bad. / It smells bad.
04 We are soccer players. / We meet soccer players.
05 They are smart. / They look smart.
06 He has a child. / He is a child.

초등학교 영어 기초 TEST | 일반동사

1 ❶ (A) don't go (B) go ❷ (A) likes (B) doesn't like ❸ (A) don't do (B) do
❹ (A) doesn't eat (B) eats ❺ (A) study (B) don't study

해석 ❶ 나는 일요일에는 학교에 가지 않는다. / 나는 월요일에 학교에 간다. ❷ 그녀는 초콜릿을 좋아한다. /그는 초콜릿을 좋아하지 않는다. ❸ 그들은 설거지를 하지 않는다. / 그들은 설거지를 한다. ❹ 그녀는 햄버거를 먹지 않는다. / 그는 햄버거를 먹는다. ❺ 우리는 수학을 공부한다. / 우리는 수학을 공부하지 않는다.

2 ❶ He cooks dinner ❸ She plays soccer ❸ They do their homework
❹ I have a brother and a sister.

3 ❶ No, I don't. ❷ Yes, she does. ❸ No, he doesn't.

해석 ❶ 너는 10시에 TV를 보니? ❷ 그녀는 파리에 사니? ❸ 그는 학교에 걸어가니?

4 ❶ (1) A: Do you have English class on Monday?
B: Yes, I do.
(2) A: Does Amy study math on Tuesday?
B: No, she doesn't.
(3) A: Does Tom play soccer on Tuesday?
B: No, he doesn't.

(4) A: Does Tom go cooking on Tuesday?

B: Yes, he does.

❷ (1) A: Does Leo study Korean on Monday?

B: Yes, he does.

(2) A: Does Sue do her homework on Tuesday?

B: No, she doesn't.

(3) A: Do Tim and Min play the piano on Tuesday?

B: No, they don't.

(4) A: Does Leo go swimming on Tuesday?

B: No, he doesn't.

해석 ❶ (1) A: 너는 월요일에 영어 수업이 있니?

B: 맞아.

(2) A: Amy는 화요일에 수학을 공부하니?

B: 아니야.

(3) A: Tom은 화요일에 축구를 하니?

B: 아니야.

(4) A: Tom은 화요일에 요리하러 가니?

B: 맞아.

❷ (1) A: Leo는 월요일에 한국어를 공부하니?

B: 맞아.

(2) A: Sue는 화요일에 숙제를 하니?

B: 아니야.

(3) A: Tim과 Min은 화요일에 피아노를 치니?

B: 아니야.

(4) A: Leo는 화요일에 수영하러 가니?

B: 아니야.

5 ❶ Does you → Do you ❷ aren't → don't ❸ Do he → Does he

❹ doesn't → doesn't do ❺ like → likes

해석 ❶ 너는 매일 연습하니? ❷ 그들은 햄버거를 먹지 않아. ❸ 그는 나를 아니? ❹ 내 남동생은 숙제를 하지 않아. ❺ 그는 아이스크림과 초콜릿을 좋아해.

6 ❶ Does he play the violin? / He does not[doesn't] play the violin.

❷ Do you go to school every day? / You do not[don't] go to school every day.

❸ Does he jump rope? / He does not[doesn't] jump rope.

❹ Does she have many classes on Tuesday? / She does not[doesn't] have many classes on Tuesday.

해석 ❶ 그는 바이올린을 연주하니? / 그는 바이올린을 연주하지 않는다. ❷ 너는 매일 학교에 가니? / 너는 매일 학교에 가지 않는다. ❸ 그는 줄넘기를 하니? / 그는 줄넘기를 하지 않는다. ❹ 그녀는 화요일에 수업이 많이 있니? / 그녀는 화요일에 수업이 많지 않다.